나는 매일 계획표를 작성하는 편이지만, 제대로 실행한 적은 거의 없다. 이리저리 끌려다니듯 살다가, 문득 '내가 정말 가치 있는 삶을 살고 있는 건가?' 회의가 들었다. "우리를 행동하게 만드는 부르심은 우리의 한계를 잘 아시는 하나님께로부터 와야 한다." 이 책을 통해 나는 기도로 그날의 계획을 하나님께 구하는 것이 곧 지혜임을 깨달았다.

구서경, 재무설계사, (주)TNV Advisors

이 책에서 가장 크게 와 닿은 것은 '주되심'이었다. 나는 예수 그리스도가 삶의 주인이심을 입술로 고백하면서도, 지금 이 '시간'을 진정 하나님 나라와 그 뜻을 위해 사용하고 있었나? 그 방법을 실제적이고도 명료하게 제시해 준 이 책은 '얇지만 요긴한 책'이다.

박시현, 한국외대(용인) 아랍어통번역학과 06학번

회사원으로서 그저 바쁘게 살다 보니 어느 새 내 삶은 '회사와 다른 사람들의 것'이 되어 버렸고, 마음속엔 삶에 대한 불만족과 불안이 하나둘씩 쌓여 갔다. 그러나 이러한 삶이, 우선순위를 잃어버리고 주님과의 만남을 놓쳐 버린 결과임을 다시 한 번 깨닫게 되었다.

백연실, 한국커넥션 총무팀 사원

이 시대 대학생의 일상은 너무나 바쁜 것 같다. 공부하고 고민해야 할 것도 많고 관심을 갖고 섬겨야 할 사람들도 많은데, 모든 것을 다 할 수 없는 내 한계 때문에 지치기도 했다. 이 책은 그런 나의 일상을 구석구석 돌아보게 해주었고, 매일의 시간 속에서 하나님 나라를 발견할 수 있도록 도와주었다.

함수민, 명지대 문예창작학과 07학번

IVP(InterVarsity Press)는
캠퍼스와 세상 속의 하나님 나라 운동을 지향하는
IVF(InterVarsity Christian Fellowship)의 출판부로
생각하는 그리스도인을 위한 문서 운동을 실천합니다.

Originally published by InterVarsity Press
as *Freedom from Tyranny of the Urgent* by Charles E. Hummel
ⓒ 1977 by Charles E. Hummel
Translated by permission of InterVarsity Press
P. O. Box 1400, Downers Grove, IL 60515, U. S. A.

Korean edition ⓒ 2009 by Korea InterVarsity Press
156-10 Donggyo-ro, Mapo-gu, Seoul 04031, Republic of Korea

늘 급한
일로
쫓기는
삶

찰스 험멜 지음
정영만 옮김

IVP

차례

추천사 급한 일로 쫓기는 당신과 나를 위한 책 • 6

1부 삶의 원칙을 세우라

1 늘 급한 일로 쫓기는 삶의 불편한 진실 • 13

2 예수님의 시간 사용 원칙 • 25

3 참된 자유를 위한 올바른 목표 설정 • 43

4 1단계: 우선순위를 정하라 • 57

5 2단계: 시간 사용 현황을 조사하라 • 71

6 3단계: 시간 예산을 세우라 • 83

7 4단계: 계획을 실행하라 • 99

2부 하나님의 인도를 따르라

8 부르심에 따른 의사 결정 • 117

9 하나님과의 작전 타임 • 133

10 하나님의 말씀을 듣는 법 • 151

11 성경 말씀으로 기도하는 법 • 175

12 진정한 안식일 • 185

13 지금 이 순간에 충실한 삶 • 197

맺음말 시간, 폭군인가 친구인가? • 215
부록 변화를 위한 자기 점검표 • 226

추천사

급한 일로 쫓기는
당신과 나를 위한 책

이 책을 처음 접한 것은 80년대 후반, 복학하여 캠퍼스를 분주하게 뛰어다닐 때였습니다. 당시에는 소책자 형태로 된 아주 짧은 책이었던 것으로 기억하는데, 그 사이 책도 두툼하게 보강되었고 이번에 10주년판으로 새롭게 단장하여 또다시 독자들을 찾아갑니다. 참으로 생명력이 강한 책이라 생각됩니다.

어느새 20년 넘는 세월이 흘러 버렸습니다. 지난 시간들을 돌아보니 언제나 제 삶은 '급한 일로 나를 쫓기듯 살게 만들려는' 사탄의 공격과 예수 그리스도 안에서의 참 평강과 안식 가운데 '정말 중요한 일에 나를 던지는' 방어의 연속이었던 것을 기억합니다. 다행히도 오래전 접했던 짧은 이 소책자 한 권이 제 인생에 큰 지침을 주었기에, 오뚝이처럼 넘어져도 다시 일어날 수 있었음을 감사하게 고백합니다.

태국에서는 야생 코끼리를 길들일 때, 뒷다리에 쇠사슬을 묶어 말뚝에 고정하고 오랫동안 방치해 둔다고 합니다. 탈출을 시도할수록 고통이 가중되기에 어느 시점부터인가 코끼리는 쇠사슬 길이를 넘지 않는 범위 내에서 어슬렁거리게 되고, 노련한 조련사는 이때부터 코끼리를 길들여 서커스에 사용한다지요. 심리학자들은 이런 현상을 학습된 무력감 learned helplessness 이라고 합니다.

'시간 관리'만큼 우리에게 학습된 무력감으로 다가오는 영역도 드물 것입니다. 수없이 많이 계획도 세워 보았고, 결단도 해 보았으나 결국에는 급한 일에 쫓기는 삶으로 회귀해 버린 경험이 한두 번이 아니기 때문입니다.

사탄은 끊임없이 우리를 채찍과 당근, 두 종류 아이템으로 휘둘러 분주함으로 몰아가고 정신을 차리지 못하게 합니다. 그러기에 '시간 관리'는 단지 어떤 기법을 익힌다고 효과를 볼 수 있는 영역이 아닙니다. 그러기에 저자는 '시간'이 아닌 '자신'을 관리할 수 있어야 한다고 힘주어 강조합니다. 결국 자신의 태도와 습관을 컨트롤하는 능력이 커져야 하는데, 이는 영적인 문제와 직결되어 있습니다. 그래서 저자는 그리스도인으로서 가장 중요한 것을 먼저 우선순위에 두는 '원칙'을 거듭 강조합니다.

MIT공대 출신의 저자는 화학공학도이자 성서문학을 전공한 인문학자이기도 합니다. 그래서인지 이 책의 제목만 슬쩍 보았을 때에는 또 하나의 자기계발 기법을 소개하는 책이라는 인상을 받을 수 있습니다. 그러나 실제로 이 책을 찬찬히 읽다 보면 시간 관리의 올바른 '원칙'을 먼저 강조한 다음 적절한 '기법'을 소개함으로써 결코 가볍지 않은 변화를 우리에게 촉구하는 강력한 책입니다.

모쪼록 새롭게 단장되어 한국의 독자들을 찾아가는 이 책이 수많은 사람들의 삶을 획기적으로 변화시키기를 기도합니다.

조신영
「경청」(위즈덤하우스), 「쿠션」(비전과리더십) 저자,
Everlove Christian School 초대 교장

하나님과 신자가 함께 일하는 동안 하나님이 성취하시는 일은 아름다운 태피스트리tapestry의 앞면과 같다. 이 태피스트리를 짜는 일에 고용된 작업자는 바늘로 한 코 한 코를 뜨는 동안 뒷면 밖에 보지 못한다. 그러나 이 한 코 한 코는 서서히 장엄한 그림을 창조해 가는데, 그 그림은 모든 코를 다 뜬 후에 앞면에서 보아야만 그 진면모를 다 볼 수 있다. 작업 과정 중에는 그 모든 아름다움을 볼 수 없는 것이다.

자아를 완전히 포기하고 하나님과 자신의 일만 바라보고 있는 신자도 마찬가지다. 매순간 이런 임무를 수행하는 것은 아주 작은 한 코를 뜨는 것과 같다. 그러나 하나님의 경이로운 일들은 바로 이런 한 코 한 코를 통해서 이루어진다. 그리고 그 경이로운 일들은 지금은 어렴풋이 보일 뿐이며 영원이라는 위대한 날이 이르기까지는 온전히 알려지지 않을 것이다.

하나님의 방법은 얼마나 선하고 지혜로운가! 거룩함과 완전함을 성취하는 일에서 장엄하고 고상한 것, 위대하고 경탄할 만한 것은 모두 자신의 능력 안에 두신다. 그러나 작고 단순하고 쉬운 것은 모두 우리가 은혜로운 도우심으로 헤쳐 나갈 수 있도록 우리에게 맡겨 두신다.

장 피에르 드 코사드의 「자기포기」 중에서

1. 늘 급한 일로 쫓기는 삶의 불편한 진실
2. 예수님의 시간 사용 원칙
3. 참된 자유를 위한 올바른 목표 설정
4. 1단계: 우선순위를 정하라
5. 2단계: 시간 사용 현황을 조사하라
6. 3단계: 시간 예산을 세우라
7. 4단계: 계획을 실행하라

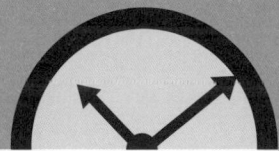

1부

삶의 원칙을 세우라

FREEDOM
FROM
TYRANNY OF

현대 생활의 특징을 가장 잘 표현하는 말은
"시간만 좀 있다면"이라는 불평이다.

닐 R. E. Neale

1

늘 급한 일로 쫓기는 삶의 불편한 진실

방향을 상실한 채 늘 바쁘게 살아가는
우리 삶에 근본적인 문제는 무엇인가?

 하루가 30시간이면 좋겠다고 생각한 적은 없
는가? 시간이 그렇게만 늘어나 준다면, 오늘날
우리가 느끼는 엄청난 중압감은 어느 정도 해소될 것이다. 우
리의 삶에는 미처 끝내지 못한 일들이 꼬리에 꼬리를 물고 있
다. 잠시 멈추어 서서 우리가 이루어낸 일들을 평가하는 그 순
간에도, 아직 답장을 보내지 못한 편지들, 찾아가 보지 못한 친
지들 그리고 읽지 못한 책들이 우리의 생각을 사로잡는다. 우
리는 필사적으로 안식을 원한다.

그러나 하루가 30시간이 된다고 문제가 해결되겠는가? 하루가 24시간밖에 안 되는 지금처럼 이내 좌절감에 빠지게 되지 않을까?

시간이 흐른다고 해서 상황이 더 나아지는 것은 아니다. 아이가 하나 둘 늘어나고 그 아이들이 성장해 감에 따라, 우리는 그들에게 더 많은 시간을 쏟아야 한다. 직장과 교회에서도 경험이 쌓일수록 더 어려운 일들을 맡게 될 것이다. 불현듯 우리는, 일은 열심히 하면서 인생을 즐기지는 못하는 자신을 발견하게 된다.

이 문제를 충분히 생각해 보면 우리가 처한 딜레마가 시간 부족 때문이기보다는 좀더 근본적인 문제라는 것을 알게 된다. 이는 우선순위의 문제다. 물론 열심히 일하는 것 자체가 해로운 것은 아니다. 사실 우리는 어떤 중요한 일에 완전히 몰두하여 전력을 다해 일하고 난 후의 기분이 어떠한지 잘 알고 있다. 피곤하기도 하지만 그 성취감과 기쁨도 그에 못지않게 큰 법이다.

우리는 한 달 혹은 한 해를 돌아보다가 미처 마치지 못한 일들이 쌓여 있다는 사실에 중압감을 갖게 된다. 이때 우리가 염려하게 되는 것은 남은 일 때문이 아니라 우리가 느끼는 의심과 불안 때문이다. 정작 중요한 일은 하지 못했다는 불편한 사실을 깨닫게 되는 것이다. 회오리바람과도 같은 다른 사람들의 요구와 우리 내면의 충동에 이끌려 살다 보니, 결국은 좌절이라는 암초에 부딪힌 것이다. 쇠냐 아니냐를 따시기 전에, 어쨌든 우리는 굳이 안 해도 될 일은 하고, 꼭 해야 할 일은 하지 않았다는 것을 깨닫게 된다.

한 베테랑 공장장은 내게 이런 말을 했다. **"가장 위험한 것은 급한 일이 끼어들어 중요한 일을 밀어내는 것이다."** 그는 정곡을 찔렀다. 이러한 원리는 삶의 모든 영역에 적용된다. 그의 충고는 종종 나의 뇌리를 스치며 우선순위라는 중요한 문제를 제기한다.

우리는 항상 급한 일과 중요한 일 사이의 긴장 속에서 산다. 문제는, 중요한 일들은 대개 오늘 당장 혹은 이번 주 내에 하지 않아도 크게 문제가 되지 않는다는 것이다. 기도와 성경 공부에 시간을 좀더 할애한다거나, 어른을 찾아뵙는다거나, 중요한 책을 읽는다거나 하는 일들이 그렇다. 반대로 별로 중요하지는 않지만 급한 일들은 즉각적인 반응을 요구하면서 우리의 시간을 삼켜 버린다. 깨어 있는 동안 끝없는 요구들이 계속 우리를 압박한다.

가정도 이제는 급한 일에서 벗어날 수 있는 사적인 공간이 아니다. 시도 때도 없이 걸려오는 전화는 그 벽을 뚫고 들어와 끊임없이 무언가를 요구한다. 저항할 수 없는 그들의 호소는 우리의 에너지를 빼앗아 가버린다. 그러나 영원이라는 관점에서 볼 때 이것들은 잠깐 반짝했다가 스러지는 것들이다. 그래서 우리는 상실감에 빠져 그 동안 제쳐 두었던 중요한 일들을 떠올린다. 이제 우리는 늘 급한 일에 쫓기는 노예가 되어 버렸다는 사실을 깨닫는다.

시간표 인생

"난 그 일을 도저히 일정표에 넣을 수 없어"라고 말해 본 적이 있는가? 오늘날 빠른 속도로 돌아가는 하루의 시간은 일정표에 지배되고 있다. 기차, 버스, 비행기가 생기면서, 전반적인 운송 수단은 시간표에 따라 움직이게 되었다. 생산량을 예측할 수 있는 기계들은 산업혁명을 불러일으켰고 작업 시간도 그에 따라 결정되었다. 주말이나 휴가는 물론 개인의 생활도 차츰 짜여진 프로그램에 따라 보내게 되었다.

계획표에 맞추어 살아야 한다는 스트레스로, 우리 삶은 여러 영역에서 그 대가를 치렀다. 앞으로 우리는 그 역사를 추적해 보고, 시계에 맞추어진 삶의 결과를 살펴볼 것이다. 그 전에 심각하게 생각해 보아야 할 몇 가지 중요한 손실들을 살펴보자.

지난 30년 간 맞벌이 가정은 두 배로 늘었다. 그 때문에 가족들이 함께 식사하는 시간도 줄었다. 아침 식사는 대개 각자의 일정에 따라 스스로 해결한다. 저녁 식사 때는 야근이나 학교 수업 때문에 한두 사람이 빠지거나, 저녁에 일이 있어 밥만 먹고 일찍 자리를 뜬다. 집에 있는 사람도 자기 일을 하거나, 아니면 텔레비전이나 컴퓨터 앞에 앉아 있느라 바쁜 경우가 많다.

더욱이 인터넷상의 무한한 정보들은 우리 삶에 교묘하게 파고들어 시간을 빼앗고 있다. 개개인의 활동 계획이 어떠하든지, 이제 사람들은 가족과 함께 시간을 보내며 서로의 관심사를 이야기함으로 관계를 든든히 다질 수 있는 기회를 잃어버리고 있다.

자동차는 우정을 다지는 데 도움이 되기는 하지만 방해가 되기도 한다. 자동차 덕분에 우리는 다른 사람들을 좀더 쉽게, 자주 방문할 수 있게 되었다. 동시에 우리는 하루에 여러 곳을 잠깐씩만 방문하고픈 유혹을 받는다. 전화 역시 관계를 유지할 수 있는 좋은 도구이긴 하지만 편지를 사라지게 만든 주범이다. 이렇게 사라져 버린 편지는 이제 이메일을 통해 컴퓨터에서 새 생명을 얻게 되었다(그렇지만 57개의 새로운 메일이 기다리고 있는 것을 과연 축복이라고 할 수 있을지…).

꽉 찬 계획표와 빠른 속도로 흘러가는 생활 방식은 결혼 생활에서 가장 심각한 문제인 대화의 빈곤을 가져왔다. 부부가 함께 보내는 시간이 줄어들면서 친밀감을 키워 나갈 기회가 적어지면 관계에 긴장이 감돌게 된다. 오해와 말다툼은 아이들에게도 나쁜 영향을 끼친다.

이런 생활 방식 때문에 피해를 당하는 또 다른 관계는 바로 이웃이다. 이제 이웃이라는 말은 그저 집들이 같이 모여 있다는 의미로 전락했다. 이웃이라 해도 차 타고 지나가면서 손을 흔들 때 빼고는 얼굴을 볼 수가 없다. 이웃의 아이들끼리는 같이 어울려 노는 경우가 많지만, 아이들의 부모는 몇 달이 지나도 서로 만나지 않는다. 심지어 같은 도시에 사는 친구 집도 거의 방문하지 못할 뿐더러, 방문한다 하더라도 잠깐, 그것도 어쩌다가 들르는 경우가 많다.

이렇게 이웃 관계가 소원해진 까닭은 무엇인가? 주된 이유는 친해지려면 시간이 걸리기 때문이다. 그래서 우리는 다른 사람을 진심으로 도와주기를 꺼린다. 예수님이 말씀하신 선한 사마리아인 비유에 나오는 제사장이나 레위인처럼, 우리는 다른 길로 그냥 지나가 버리려 한다. 혹은 그 길을 다 지나온 후에야 뒤늦게 이웃에게 도움이 필요했다는 사실을 알게 된다. 우리 자신이 누군가의 관심과 친밀한 만남을 필요로 할 때에도, 우리에게 그런 도움을 줄 수 있거나 또 기꺼이 주려 하는 사람은 줄어들고 있다.

빡빡한 계획표에 따라 빠른 속도로 진행되는 생활 방식은, 또한 여러 자원봉사 단체에 의존하고 있는 지역 공동체의 사회 조직을 약화시킨다. 지역 보이 스카우트나 걸 스카우트, 적십자 등의 회원이 20-25% 정도 줄어든 곳이 많다. 학생이 천 명 정도 되는 어떤 고등학교의 경우, 한때 매우 활발했던 사친회 Parent-Teachers Association 는 학부모들을 참여시키려는 다양한 노력에도 불구하고 이제는 여섯 명 정도로 줄어들었다. 숫자가 더 늘지 않는다면 내년에는 모임이 없어질 것이다. 학생들의 단체 활동 참여도는 점차 줄어들고 있다.

그리스도인으로서 우리는 공동체 내의 많은 사람들과 이런 관심사들을 함께 나누고 있다. 우리는 가족의 소중함과 의무를 귀하게 생각한다. 부모들은 자녀들과 함께 시간을 보내고, 그들의 필요를 채워 주기 위해 언제든 준비되어 있으며, 그들에게 하나님을 사랑하고 섬기라고 가르치기를 원한다.

우리는 또 좋은 이웃이 되어야 한다. 이런 책임을 다하려면 그들과 계속 연락하고 위급한 경우에는 도와줄 수 있도록 시간을 내고 관심을 기울여야 한다. 또 이웃들의 요청을 받았을 때는 마을 공동 사업 프로젝트에 참여할 수 있어야 한다.

각 도시의 상황에 따라서는 자신들이 사는 지역 사회의 복지에 책임감을 느끼는 그리스도인들도 있다. 이들은 학교나 병원, 무료 급식소, 혹은 시 의회에서 자원봉사를 해야 할지도 모른다.

뿐만 아니라 우리는 대부분 교회에서도 책임을 맡고 있다. 주일 예배뿐 아니라 주일학교와 청년회, 당회와 제직회, 성경공부, 기도회와 찬양 모임, 특별 예배, 선교 모임, 신학 연구 모임 등도 있다. 이런 활동들에 따르는 시간적 압박감 역시 개인적인 관계들을 심화시키기 어렵게 만들고 있다.

그렇다면 우리는 "당신의 시간은 어디로 날아가고 있습니까?"라는 질문에 어떻게 대답할 것인가? 첫 번째 단계는 이런 질문을 하는 것이다. "무언가를 따라잡기 위해 당신은 어디로 **날아가고** 있습니까?" 혹은 "뛰어가고 있습니까?" 혹은 "터벅터벅 걷고 있습니까?" 그러나 이 질문에는 좀더 근본적인 질문이 깔려 있다. "당신은 **어디로** 가고 있습니까? 당신의 삶의 목표는 무엇입니까?"

위치 불명확!

어쩌면 당신은 자신이 어디 서 있는지 정확하게 알지 못해서 좌절을 느끼는지도 모른다.

1932년, 아멜리아 에어하트Amelia Earhart는 홀로 대서양을 횡단한 최초의 여성 비행사가 되었다. 1937년 7월, 그녀는 세계일주를 한 최초의 사람이 되기 위해 프레데릭 누난Frederick Noonan 항법사와 함께 적도에서 출발하였다. 그런데 뉴기니 부근 서태평양 상공에서 그녀는 방향을 잃었다. 그녀가 보낸 마지막 무선 메시지는 '위치 불명확'이었다. 해군과 해안 경비대 함정과 항공기가 비행기 파편과 두 비행사의 유해를 찾기 위해 대대적인 수색을 벌였지만 바다 외에는 아무것도 보이지 않았다.

광신자란, 가고 있는 방향을 모를 때 오히려 두 배 더 빠른 속도로 질주하는 사람이라고 한다. 요즘 당신은 보통 때보다 더 빨리 달리고 있지는 않는가? 광신자는 아닐지라도 **빠른 속도는 당신이 방향 감각을 잃고 있다는 증거가 될 수 있다**. 혹시 당신은 말에 올라타서 한 번에 모든 방향으로 달리려고 하지는 않는가? 만일 그렇다면 지금 이 시간은 속도를 늦추고 방향 감각을 되찾아야 할 때가 아니겠는가?

이 책은 성경적이고 실제적이면서도 얇은 책을 원하는 사람들을 위한 것이다. 이 책은 완벽한 책은 아니지만, 너무 어려워서 독자들을 지치게 만드는 책도 아니다. 그저 시간에 대한 책을 읽을 시간이 충분하지 않은 사람들을 위한 책이다. 이 책은 늘 급한 일로 쫓기는 삶에서 벗어나, 우리 주 예수 그리스도께서 그분을 사랑하고 섬기기를 원하는 사람들에게 주신 자유를 누릴 수 있는 길을 제시해 줄 것이다.

1. 지금 당신이 미처 끝내지 못해서 가장 신경 쓰이는 일은 무엇입니까?

2. 다른 사람들이 요구하는 급한 일 중에서 당신에게 가장 부담이 되는 것은 무엇입니까?

3. 앞으로 6개월이나 1년 사이에 당신에게 가장 중요한 삶의 목표는 무엇입니까?

4. 이 시점에서 당신은 당신의 활동을 재점검하고 우선순위와 일정표를 조정하는 정기적인 시간을 마련할 필요가 있습니다. 어느 시간대에 어떻게 그 일을 할 것인지 정해 보십시오.

아버지, 때가 왔습니다.…
나는 아버지께서 내게 하라고 맡기신 일을 완성하여,
땅에서 아버지께 영광을 돌렸습니다.

요한복음 17:1, 4

2

예수님의
시간 사용 원칙

예수님은 주어진 짧은 시간 안에
어떻게 자신의 사명을 완수하셨는가?

 고대 중동 국가들 가운데 이스라엘은 유일하게 직선적인 역사관을 가지고 있었다. 하나님의 백성은 그들의 과거, 즉 아브라함을 통해 택함받은 민족이 되고 모세를 통해 애굽에서 구원받은 것을 기억하고 있었다. 그들은 또 메시아가 오셔서 그분의 우주적 왕국을 건설하실 것을 고대하고 있었다. 이스라엘 백성들에게 역사란, 영광스런 목표를 향해 꾸준히 나아가는 것이었다.

사도 바울은 "기한이 찼을 때에, 하나님께서는 당신의 아들

을 보내셔서"(갈 4:4)라고 기록하고 있다. 선지자 없는 침묵기가 4세기 가까이 지속되다가, 천사 가브리엘이 홀연히 나타나 그리스도의 오심을 선포했다. "그는 위대하게 되고, 가장 높으신 분의 아들이라 불릴 것이다. 주 하나님께서 그에게 그의 조상 다윗의 왕위를 주실 것이다. 그는 영원히 야곱의 집을 다스리고, 그의 나라는 무궁할 것이다"(눅 1:32-33).

하나님은 이 일을 위해 이스라엘뿐 아니라 세속 세계도 준비해 두셨다. 로마 제국은 정치적인 안정과 훌륭한 교통수단을 제공했고, 로마가 다스리던 대부분의 지역은 헬라어를 사용하고 있었다. 이런 독특한 상황은 기독교 메시지를 전파하기에 이상적이었다. 아주 적절한 타이밍이었던 것이다.

하나님의 나라

예수님은 서른 살 즈음에 세례 요한을 찾아가 세례를 받으셨다. 그러고 나서 광야에서 사십 일 동안 시험을 받으셨다. 갈릴리로 돌아온 예수님은 성령의 능력으로 복음을 전하며 병자를 고치셨다. 예수님은 말씀하셨다. "때 *Kairos*(카이로스)가 찼다. 하나님 나라가 가까이 왔다. 회개하여라. 복음을 믿어라"(막 1:15).

예수님의 오심은 수백 년 간의 긴 기다림의 절정이었다. 히브리인들은 오랫동안 하나님을 온 우주의 창조주, 운행자, 역사의 주인 그리고 심판자로 인식해 왔다. 하나님이 온 우주의 왕이시라는 개념은 구약의 일관된 메시지였다. 이방 사람도 "과연 주 당신들의 하나님만이, 위로는 하늘에서 아래로는 땅 위에서, 참 하나님이십니다"(수 2:11)라고 고백했다. 하나님의 백성들은 그분의 통치가 온 우주에 가득히 인정되는 때를 열렬히 기다려 왔다. "주께서 온 세상의 왕이 되실 것이다. 그날이 오면, 사람들은 오직 주 한 분을 섬기고, 오직 그분의 이름 하나만으로 간구할 것이다"(슥 14:9).

이제 나사렛 예수 안에서 그 나라가 도래했다. 예수님의 권위 있는 설교와 가르침과 치유는 그것을 증명한다. 사단의 세력을 제압하는 그분의 능력과 여러 이적들은 그 나라의 표적이다. 그 나라의 복, 즉 죄사함과 영생은 우리가 사는 현재의 시간에 주어지는 것이다.

하나님 나라는 역사 속에서 일어나는 인간사와 동떨어진 영적인 영역이 아니다. 지리 혹은 국가 영역의 문제도 아니다. **하나님 나라는 그 나라 백성의 마음과 삶 속에서 이루어지는 하나님의 은혜로운 다스림이다.** 예수님과 제자들은 하나님 나라가 우리의 일상생활 가운데 지금 실재하고 있다고 공표한다.

예수님은 이렇게 선언하신다. "보아라, 하나님의 나라는 너희 가운데 있다"(눅 17:21).

그럼에도 예수님은, 하나님 나라의 완전한 실현은 미래에 이루어진다는 점을 분명히 하신다. 또 그때까지 우리가 능동적으로 살아야 한다고 말씀하신다. "너희는 먼저 하나님의 나라와 그의 의를 구하여라. 그리하면 이 모든 것을 너희에게 더하여 주실 것이다"(마 6:33). 그 나라를 얻기 위해 희생하는 것은 충분히 가치 있는 일이다(마 13:44-46). 그렇지만 그 나라는 하나님의 때에 하나님이 주실 선물이다(마 25:34).

주님이 가르치신 기도는 이렇게 시작된다.

> 하늘에 계신 우리 아버지, 이름이 거룩하게 하시오며, 나라가 임하게 하시오며, 뜻이 하늘에서 이루어진 것같이, 땅에서도 이루어지게 하시옵소서(마 6:9-10).

예수님은 하나님 나라가 임하는 것과 하나님의 뜻을 행하는 것이 동일하다고 보셨다. 우리는 다음 장에서 개인의 목표 설정과 목표 달성을 위해 우리의 시간을 활용하는 것과 관련하여 하나님 나라의 중요성, 그리고 하나님 나라의 백성으로 살아가는 것의 중요성을 살펴볼 것이다. 그 전에 예수님이 삼 년의 시간을 어떻게 사용하셨는지 살펴보자.

적절한 타이밍을 포착하라

예수님의 사명은 무엇이었으며, 그분은 어떻게 그 사명을 성취하셨는가? 그분은 자신의 활동을 다음과 같이 간략하게 요약하셨다. "인자는 섬김을 받으러 온 것이 아니라 섬기러 왔으며, 많은 사람을 위하여 자기 목숨을 대속물로 내주러 왔다"(막 10:45). 다시 말하자면, 이것은 섬김의 삶과 희생의 죽음이다.

요한복음에 따르면, 예수님은 아버지의 일을 하고 아버지의 말씀을 전함으로써 이 목표를 이루셨다. 그분은 이 사실을 여러 차례 확언하셨다. "내가 너희에게 하는 말은 내 마음대로 하는 것이 아니다. 아버지께서 내 안에 계시면서, 자기의 일을 하신다"(요 14:10; 참고. 4:34; 5:19, 30, 36; 6:38; 8:38; 14:24, 31; 15:15; 17:4, 8).

예수님은 성령의 인도와 능력으로 이 사명을 이루셨다(눅 4:1, 14). 사역 초기에 예수님은 고향인 나사렛의 회당에서 설교하시던 중 이사야의 예언이 성취될 것을 말씀하신다.

주의 영이 내게 내리셨다. 주께서 내게 기름을 부으셔서, 가난한 사람들에게 기쁜 소식을 전하게 하셨다. 주께서 나를 보내셔서, 포로된 사람들에게 자유를, 눈먼 사람들에게 다시 보게 함을 선포하고, 억눌린 사람들을 풀어 주고, 주의 은혜의 해를 선포하게 하셨다(눅 4:18-19).

예수님의 사역에서 특히 두드러진 점은, 주어진 짧은 시간을 잘 사용하고자 하는 결연한 의지뿐 아니라 **어떤 행동을 하기 위한 적절한 타이밍을 포착할 줄 아는 감각이다.**

우리는 때로 잘못된 판단, 그릇된 동기, 혹은 게으름 때문에 타이밍을 놓칠 수 있다. 우리는 매주 아무도 참석하지 않는 성경 공부를 유지해 나가다가 결국 지쳐 버린다. 그래서 모임을 그만두고 나니 그 다음 주에 새로운 사람이 나타난다. 그러나 때는 이미 늦었다. 논쟁을 일으킬 만한 편지를 받은 우리는, 잠잠히 기도하며 그 문제를 다양한 각도에서 충분히 검토해 보기도 전에 격앙된 어조의 답장을 보내 버린다. 결국 그 답장은 문제를 해결하기는커녕 타오르는 불에 기름을 부은 꼴이 된다.

잘못된 시기에 한 일은 하나마나다. 시간 낭비이거나, 오히려 해를 끼치게 되는 경우도 많다.

요한복음에는 타이밍에 대한 개념이 아홉 번 등장하는데,

두 번은 '카이로스'^{kairos}(적절한 시기)로 표현되어 있고, 일곱 번은 '호라'^{hora}(불리적인 시간)로 표현되어 있나. '호라'는 어떤 중요한 혹은 적합한 시간이 도래했음을 상징적으로 나타내는 데 자주 사용되고 있다. 우리는 예수님의 사역 중 특히 두드러진 두 가지 상황에서 이 두 요소를 살펴볼 텐데, 이는 우리의 행동에 좋은 본보기가 될 것이다.

계획 변경

마가(1:21-39)와 누가(4:31-44)는 예수님의 사역 초기에 무척이나 바빴던 어느 하루를 기록하고 있다. 그분의 활동을 보면, 그분은 자신의 사명에 헌신되어 있는 동시에, 놀라운 전환으로 역사하시는 성령의 인도에 민감하셨음을 알 수 있다.

나사렛에서 주어진 예수님의 예언적인 가르침은 그곳 사람들을 격노케 했다. 그들은 예수님을 마을 밖으로 끌고 나가 낭떠러지 밑으로 떨어뜨리려 했다. 그러나 그분은 이를 피해 갈릴리에 있는 가버나움 마을로 가셨다. 거기서 예수님은 안식일에 회당에서 사람들을 가르치기 시작하셨다. 그들은 매우 놀랐는데, 자신들의 율법 선생들과는 달리 그분의 말에 권위가 있었기 때문이다.

그때 갑자기 악령에 사로잡힌 사람이 소리를 지르는 바람에 예배가 중단되었다. 예수님이 악령에게 잠잠하고 그에게서 나오라고 명령하시자, 악령은 큰 소리를 지르며 그를 떠났다. 사람들은 악한 영을 내어 쫓는 예수님의 능력에 더욱 놀랐다. 이 소식은 곧 갈릴리 전역에 퍼져 나갔다.

회당을 떠나신 예수님은 안드레와 시몬의 집으로 가셨다. 그곳에는 시몬의 장모가 고열로 누워 있었다. 갑작스런 예수님의 방문에 장모는 몹시 당황했을 것이다. 누군가 예수님께 그녀를 도와달라고 청하자, 예수님은 그 열병을 꾸짖으셨고 병이 떠나갔다. 시몬의 장모는 곧 일어나 손님들을 접대했다.

해질 무렵 안식일이 끝나가는 때에, 사람들은 병든 자와 귀신 들린 자들을 문가로 데려왔다. 예수님은 각 사람에게 손을 얹어 그들을 고쳐 주셨다. 악한 영들은 이분이 메시아라는 것을 알고 있었지만 예수님은 그들이 말하는 것을 허락지 않으셨다.

이렇게 힘든 하루를 보내셨으니 그 다음날에 예수님은 늦잠을 주무실 만도 하다. 그러나 마가는 "아주 이른 새벽에, 예수께서 일어나서 외딴 곳으로 나가셔서, 거기에서 기도하고 계셨다"(막 1:35)라고 기록하고 있다. 기도의 내용은 우리에게 알려진 바 없지만 그 후에 일어난 일로 미루어 보건대, 그 기도에는 그날 하루를 인도해 달라는 간구가 포함되어 있었을 것이다.

그 전날 밤에 고침을 받지 못한 사람들이 문밖에 모여들있다. 시간은 흐르는데 예수님이 나타나지 않자 사람들은 초조해졌다. 이들의 당혹감과 염려를 상상해 보라. 그리고 그 귀한 손님이 어디로 가셨는지 모른다고 말해야만 하는 제자들과 시몬의 장모가 얼마나 당황했을지 생각해 보라.

그래서 시몬을 비롯한 몇 사람이 예수님을 찾으러 나섰다. 예수님을 찾은 그들은 "모든 사람이 선생님을 찾고 있습니다"라고 외쳤다. 이 말에는 예수님을 향한 분노와 비난이 배어 있다. 그러는 동안, 예수님을 찾던 사람들은 예수님이 계신 곳으로 와서 그분을 떠나지 못하게 하려 했다. 그러나 예수님은 "나는 다른 동네에서도 하나님 나라의 복음을 전해야 한다. 나는 이 일을 하라고 보내심을 받았기 때문이다"(눅 4:43)라고 대답하신다. 그렇게 예수님은 자신이 계신 바로 그곳에서 급한 일들에 둘러싸여 있었지만, 그 아침에 다른 마을로 가셔서 회당에서 설교하시고 귀신을 쫓아내신다.

우리가 그때 거기 있었더라면 아마 이렇게 말했을지 모른다. "예수님, 기회를 잡으세요. 당신의 능력을 보여 주세요. 사람들을 하나님께로 인도해야 할 것 아닙니까?"

그러면 예수님은 "아침 일찍 아버지께서 오늘 해야 할 일의 우선순위를 보여 주셨습니다"라고 말씀하셨을 것이다.

사람들의 반응에 대해서는 전해지는 바가 없지만 놀람에서 실망으로, 그리고 분노와 절망으로 이어지는 다양한 감정을 드러냈으리라 쉽게 상상할 수 있다. 입장을 바꾸어 당신이 시몬의 장모, 아직 고침을 받지 못한 사람, 예수님을 따르기 위해 모든 것을 버린 제자라고 생각해 보라. 예수님이 돌아서서 가 버리실 때 어떤 기분이 들었겠는가?

혹은 예수님의 입장이 되어 생각해 보라. 기쁨뿐 아니라 그런 슬픔까지 뒤로하고 떠나야 하는 마음이 어떠했겠는가? 똑같이 중요한 두 가지 중에서 한 가지를 선택하기란 여간 고통스러운 일이 아니다. 한 가지를 선택하면 나머지 한 가지는 포기해야 하기 때문이다. 그날 다른 마을에서 설교와 치유 사역을 하기로 결정한다면, 여전히 절실하게 예수님을 필요로 하는 사람들을 뒤로해야 한다. 그러나 예수님은 아버지의 계획이 이루어지도록 순종하신다.

여기 마가복음의 서두에서, 우리는 예수님의 사역이 가진 비밀을 발견하게 된다. 예수님은 하늘에서 뚝 떨어진 청사진이나 미리 정해진 계획표를 갖고 계시지 않았다. **그분은 매일매일 기도하는 가운데 아버지의 지시를 들으셨다.** 누가는 성령의 역할을 강조한다. 요한에게 세례를 받으신 예수님은 성령에 이끌려 광야로 가신다. 그리고 집중적인 시험을 받으신 후 갈릴리로 돌아와 성령의 능력을 입어 아버지의 뜻을 분별하고 그 뜻을 실행해 가신다.

이런 식으로 예수님은 긴급한 요구, 때로 합당할 뿐 아니라 절박하기까지 한 그 요구를 거부하셨다. 정말로 중요한 일, 곧 아버지의 뜻을 행하기 위해서 말이다. 그분은 자신의 삶과 사역을 한 발짝 한 발짝씩 수행해 가셨다.

우리도 하나님의 뜻을 제대로 따르기 위해서는 먼저 그분께 귀를 기울여야 한다. 9장에서 우리는 하나님과 작전 타임을 가짐으로써 영적으로 회복되고 그분의 인도하심을 받는 방법에 대해 이야기할 것이다.

"너무 늦었습니다"

순회 사역을 하는 동안 예수님은 수많은 사람의 필요에 직면하셨다. 그분은 오랜 시간 일하셨고, 식사 시간도 불규칙했으며, 며칠 동안은 매일 밤 다른 장소에서 주무셨다. "여우도 굴이 있고, 하늘을 나는 새도 보금자리가 있으나, 인자는 머리 둘 곳이 없다"(마 8:20) 하셨다.

예수님은 집이 따로 없었기에 예루살렘에서 멀지 않은 베다니 마을에서 따뜻한 환영을 받았다. 마르다, 마리아 자매와 그들의 오빠 나사로는 그분을 따뜻하게 맞이했다. 유월절 엿새 전, 예수님을 위한 만찬 자리에서 마리아가 그분의 발에 향유를 붓고 머리털로 닦은 곳도 바로 여기였다(요 12:3).

그 다음 장면을 보면 예수님은 베다니에서 멀리 떨어진 곳에서 풍성한 결실을 맺는 사역을 하신다. 그러던 어느 날 이 자매들이 다급한 전갈을 보낸다. "주님, 보십시오, 주께서 사랑하시는 사람이 앓고 있습니다"(요 11:3). 예수님은 이 소식을 듣고 격려조의 대답을 전하신다. 그 병은 죽을병이 아니라 오히려 하나님과 그의 아들의 영광을 위한 것이라는 말씀이었다. 그러고 나서 복음서 기자는 당혹스럽기도 하고 다소 모순되어 보이기도 하는 말을 덧붙인다. "예수께서는 마르다와 그의 자매와 나사로를 사랑하셨다. 그런데 예수께서는 나사로가 앓는다는 말을 들으시고도, 계신 그곳에 이틀이나 더 머무르셨다"(요 11:5-6).

우리는 즉시 "이게 무슨 사랑이야?"라고 반응할 것이다. 만약 당신이 절망에 빠져 있는 두 자매에게 가서 예수님이 그렇게 결정하셨노라고 전해야 한다면 심정이 어떻겠는가? 오빠는 점점 약해져서 생사의 갈림길에서 고투하고 있고, 그들의 주님은 더 이상 아무 소식도 전해 주시지 않고 있는 이런 상황에서, 이 신실한 친구들이 어떻게 반응했을지 생각해 보라.

예수님은 그 소식을 들은 지 이틀이 지나서야 제자들에게 말씀하신다. "다시 유대로 가자.…나사로는 죽었다. 내가 거기에 있지 않은 것은 너희에게 도리어 잘된 일이므로, 기쁘게 생각한다. 이 일로 말미암아, 너희가 믿게 될 것이다. 그에게로 가자"(요 11:7, 14-15).

그들이 도착했을 때 나사로는 이미 무덤 속에 있은 지 나흘이나 되었다. 가족과 친지들은 이 자매들을 위로하고 있었다. 예수님이 오신다는 말을 듣고 마을 어귀로 나간 마르다는 원망과 믿음이 섞인 태도로 예수님을 맞았다. "주님, 주님이 여기에 계셨더라면, 내 오라버니가 죽지 않았을 것입니다. 그러나 나는 지금이라도 주께서 하나님께 구하시면, 하나님께서 무엇이나 다 이루어 주실 줄 압니다"(21-22절). 그러자 예수님이 대답하신다. "네 오라버니가 살아날 것이다.…나는 부활이요 생명이니, 나를 믿는 사람은 죽어도 살고…"(23, 25절).

그러자 마르다는 집으로 돌아가 마리아를 불러내어 "선생님께서 와 계시는데, 너를 부르신다"(28절)라고 전했다. 마리아는 급히 나가 예수님이 계신 곳으로 갔고 마리아를 위로하던 자들도 그녀를 따라갔다. 마리아는 예수님의 발아래 엎드리며 "주님, 주님이 여기에 계셨더라면, 내 오라버니가 죽지 않았을 것입니다"(32절)라고 말했다.

사람들이 우는 것을 본 예수님의 마음은 아프고 괴로웠다. 무덤으로 걸어가면서 예수님도 우신다. 어떤 이들은 예수님이 얼마나 나사로를 사랑하셨는지를 보고 깊은 인상을 받는다. 또 어떤 사람들은 소경의 눈을 뜨게 한 사람이 왜 나사로는 죽지 않게 할 수 없었을까 의문을 갖기도 한다.

사람들이 무덤에 왔을 때, 예수님은 무덤 입구를 막아 놓은 돌을 치우라고 명하신다. 그러고 나서 큰 소리로 "나사로야, 나오너라"(43절) 하고 말씀하신다. 죽었던 나사로는 팔과 발 그리고 얼굴이 천으로 덮인 채 걸어 나왔다. 예수님은 그들에게 말씀하셨다. "그를 풀어 주어서, 가게 하여라"(44절).

이 사건에서 자매들의 **긴급한 요구**는 사랑하는 오빠가 죽지 않도록 해 달라는 것이었다. 그러나 하나님의 관점에서 **중요한 것**은 나사로를 죽음 가운데서 일으키는 것이었다. 그래서 하나님은 나사로가 죽도록 허락하시고 그의 자매들이 슬퍼하게 두셨다. 그 결과 나사로의 부활은 "나는 부활이요 생명이니"라고 하신 예수님의 주장과, 그분을 믿는 자에게 약속하신 생명에 대한 강력한 징표가 되었다. 이 말씀은 사랑하는 사람의 죽음을 지켜보는 모든 세대의 수많은 그리스도인에게 큰 위로가 되었다.

예수님은 결국 가장 적절한 타이밍에 그곳에 가신 셈이다.

아버지의 일

이제는 예루살렘의 유월절을 살펴보자. 예수님은 이제 이 땅에서의 사역을 마칠 때가 되었음을 아셨다. 요한복음 13장 이후의 네 장에는 예수님이 다락방에서 제자들에게 가르치신 내용이 기록되어 있다. 그러고 나서 그분은 혼자 기도하신다.

> 아버지여, 때가 왔습니다. 아들을 영광되게 하셔서, 아들이 아버지께 영광을 돌리게 하여 주십시오. 아버지께서는 아들에게 주신 모든 사람에게 영생을 주게 하시려고, 모든 사람을 다스리는 권세를 아들에게 주셨습니다.…나는 아버지께서 내게 하라고 맡기신 일을 완성하여, 땅에서 아버지께 영광을 돌렸습니다(요 17:1-2, 4).

예수님은 어떻게 감히 일을 '이루었다'라고 말씀하실 수 있었을까? 그분의 삼 년 간의 사역은 안타까울 정도로 짧은 것 같다. 만찬 자리에 나타난 한 창녀는 용서를 받고 새 생명을 얻었지만, 다른 많은 사람들은 여전히 자기 일로 바쁘다. 약한 근육에 힘을 얻어 걷게 된 사람이 있는가 하면, 아직도 많은 사람은 절름발이 신세로 살고 있다. 나라 전체에 눈먼 사람, 불구자, 병자들이 헤아릴 수 없이 많다. 그러나 그 마지막 날 밤, 주님은 평안하시다. 미처 들어주지 못한 긴급한 요구들과, 다 해내지 못한 유익한 과업들이 많이 남아 있음에도 불구하고 말이다.

우리의 의문에 대한 해답은 다음에 나오는 한 어절에 들어 있다. '아버지께서 내게 하라고 주신 일' 중에서 바로 '아버지께서'라는 부분이다. 예수님은 그분이 맞닥뜨린 모든 필요, 가족, 친구, 또 그 가운데 만난 수많은 사람의 긴급한 요구를 다 들어주지 않으셨다. 그러나 그분은 **아버지께서** 주신 소명을 완수하셨다.

화이트햄 A. E. Whiteham 은 「영적 생활의 훈련과 문화」 The Discipline and Culture of the Spiritual Life 라는 책에서 다음과 같이 말하고 있다.

> 여기 이분 안에 적절한 목표가 있다.…복잡한 생활에 여유를 주는 내적 안식이 바로 그것이다. 무엇보다도 이분에게는 고통, 실망, 적대감, 죽음 등과 같은 삶의 찌꺼기들을 다룰 수 있는 비밀과 능력이 있다. 그분은 약 삼십 년이라는 짧은 인생, 갑자기 끝났지만 '다 이룬' 인생을 사셨다. 우리는 이렇게 균형 있고 아름다웠던 예수님의 삶을 찬미하면서, 이를 가능하게 했던 요소들을 무시해서는 안 된다.

다음 장에서는 주님이 보여 주신 삶의 원칙들을 살펴보며, 어떻게 하면 늘 급한 일에서 자유로워질 수 있는지 알아볼 것이다.

1. 이 장에서 언급한 사건들 속에서 성령은 어떤 역할을 하고 계십니까?

2. 하나님 나라에는 다양한 측면들이 있습니다. 그중 현재 당신에게 가장 의미있게 다가오는 것은 무엇입니까?

3. 가버나움에서 있었던 일과 관련된 사람들을 떠올려 보십시오. 당신은 누구와 가장 비슷하다고 생각하십니까?

4. 당신도 마르다와 마리아처럼, 예수님께 급한 요청을 했지만 아무런 대답도 듣지 못한 적이 있습니까?

삶의 열매는 얼마나 많은 일을 하느냐에 달려 있는 것이 아니라,
각각의 일에 질적으로 얼마나 헌신하고 있느냐에 달려 있다.

폴 투르니에 Paul Tournier

3

참된 자유를 위한 올바른 목표 설정

하나님 나라의 가치관과 목표가
왜 우리에게 진정한 자유를 주는가?

 1920년대의 어느 날, 베들레헴 제철소 사장인 찰스 슈왑 Charles Schwab은 선구적인 경영 컨설턴트 아이비 리 Ivy Lee를 만났다. 산업계의 거물, 찰스 슈왑은 "주어진 시간 안에 좀더 많은 일을 할 수 있는 방법을 가르쳐 주시오. 값은 충분히 드리겠소"라고 말했다.

아이비 리는 그에게 백지 한 장을 주며, 그날 저녁 몇 분 정도 시간을 내어 우선순위가 높은 순서대로 해야 할 일 여섯 가지를 적으라고 했다. 다음날 그는 그중 첫 번째 일을 완전히 마

친 후에야 다음 일을 하는 식으로, 목록의 순서에 따라 일을 해야만 했다. 하루가 끝날 때쯤에는 그날의 목록을 버리고 다음 날 해야 할 일의 목록을 새로 만들었다.

아이비 리는 이렇게 말했다. "한두 가지 일밖에 못하게 되더라도 너무 신경 쓰지 마십시오. 사장님의 목표는 그 일들을 다 하는 것이 아니라, 가장 중요한 일에 사장님의 시간을 할애하는 것입니다. 다시 말해, **소중한 것을 먼저 하는 것**입니다. 이 방법으로 목록에 적은 일들을 끝낼 수 없다면 다른 어떤 방법으로도 그렇게 할 수 없습니다. 이런 체계가 없다면 사장님은 아마 어느 일이 가장 중요한지조차 결정하지 않으셨을 겁니다. 이 방법을 사용해 보신 후에, 사장님이 느끼신 값어치만큼 값을 지불해 주시기 바랍니다."

몇 주 지나서 슈왑은 리에게 25,000달러(오늘날의 화폐 가치로 따지면 250,000달러 정도)짜리 수표를 보내며, 지금까지 배웠던 방법 중 가장 도움이 되었다는 메모를 함께 보냈다.

아이비 리의 제안은, 현재 행동을 취해야 할 일들에 대해 매일매일의 우선순위를 정하는 것이다. 그러나 이 방법은, 지금 당장은 급하지만 장기적으로는 중요하지 않은 일에 대해서는 근본적으로 다루지 않고 있다. 우리는 오늘 일정에 잡혀 있는 일들, 심지어 목록의 최상위에 있는 일들에 대해서도, 그 일들이 우리 목표에 어떤 기여를 할 수 있는지 자문해 보아야 한다.

이번 장에서는 예수 그리스도가 주인되어 다스리시는 하나님 나라의 가치관과 목표에 대해 집중적으로 다룰 것이다. 그 이후에 우리는 활동을 네 가지 기초적인 단계로 나누어 관리하는 법에 대해 알아볼 것이다.

하나님 나라의 목표

우리는 하나님 나라, 즉 우리 삶에서 이루어지는 하나님의 은혜로우신 다스림 속으로 부름받았다. 사도 바울은, 우리가 그리스도 안에 있는 새로운 피조물이므로 이전 것은 지나갔고 모든 것이 새로워졌다고 말한다. "그러므로 우리는 이제부터는 아무도 육신의 잣대로 알려고 하지 않습니다"(고후 5:16). 우리는 성령의 능력 안에서 주님의 관리 아래 인생에 대한 새로운 관점을 갖게 된다.

신약 성경은 이것이 시간 사용에 대해 의미하는 바를 다음과 같이 설명하고 있다.

그러므로 여러분은 어떻게 살아가야 할지를 조심하여, 지혜롭지 못한 사람처럼 하지 말고, 지혜로운 사람처럼 하십시오. 세월을 아끼십시오. 때가 악합니다(엡 5:15-16).

외부 사람들에게는 지혜롭게 대하고, 때를 선용하십시오(골 4:5).

'오늘'이라고 말할 수 있는 그날그날, 서로 권면하여, 아무도 죄의 유혹에 빠져 완고하게 되지 않도록 하십시오(히 3:13).

어떤 그리스도인들은 이 말씀을 보면서, 하나님은 우리가 그분을 '바쁘게' 섬기기를 바라신다는 결론을 내린다. 그래서 '바쁘지' 않은 것은 헌신과 선한 청지기 의식이 부족하기 때문이라고 생각한다. 주말은 물론 평일 낮 시간, 저녁 시간도 교회 활동으로 꽉 차 있어야 한다고 말이다. 그러나 이 구절들이 언급된 상황을 생각해 보면 다른 의미가 있음을 알 수 있다.

처음 두 구절은 열심히 일하라는 말이 아니라 비그리스도인들에 대해 지혜롭게 행동하라는 말이다. '아끼라'로 번역된 단어는 '구속하라'로 번역하는 것이 더 낫다. 우리는 중요하지 않은 활동에서 우리의 시간을 '구속'하도록, 즉 '해방'하도록 부름받았다. 여기서 사용된 '시간'이란 단어는 '카이로스'로 기회를 뜻한다. 여기서 강조하고 있는 것은 분초가 흐르는 **시간의 경과**가 아니라, 하나님 나라를 확장할 수 있는 시간이 무르이었다는 **시의 적절성**이다. 그렇지만 이미 과부하가 된 일정 속에서 이것이 어떻게 가능할까?

우리는 우선순위를 재검토하고, 중요한 기회를 십분 활용할 수 있는 시간을 얻어야 한다. 우선순위에 대해서는 4장에서 좀더 자세히 검토할 것이다.

세 번째 구절은 권면의 말로, 기회가 주어졌을 때 잘 활용해야 함을 강조하고 있다. '오늘'은 하나님의 은혜의 날이며 하나님을 섬길 기회의 날이므로, 현재 시간을 가능한 한 서로 권면하고 격려하는 데 잘 사용하라는 말이다.

우리의 목표는 인생의 각 단계에서 우리를 향한 하나님의 뜻을 하루하루 발견해 가는 것이다. **지금 이 순간, 이 자리에서, 아버지의 뜻에 순종하고 있다는 확신보다 중요한 것은 없다.** 그러한 인도와 내적 평안이야말로 그리스도인의 삶 속에 나타나는 성령의 사역이다. 성령은 우리의 계획을 인도하시면서, 하나님의 말씀을 현재 상황에 맞게 해석하고 적용하신다.

주님은 비유를 들어 우리 인생을 청지기로 묘사하실 때가 많다. 어떤 비유에서는 종들이 주인의 일을 어떻게 관리했는지에 따라 선한 청지기와 악한 청지기로 구분되는데, 예수님은 "많이 받은 사람에게서는 많은 것을 요구하고"(눅 12:48)라고 말씀하신다. 그런가 하면 바울은 "관리인에게 요구하는 것은 신실성"(고전 4:2)이라고 말하고, 베드로는 "모두 자기가 받은 은사를 따라서, 하나님의 여러 가지 은혜를 맡은 선한 관리인으로서, 서로 봉사하십시오."(벧전 4:10)라고 가르친다.

자유로워지는 길

하지만 아직 성가신 질문이 하나 남아 있다. 하나님은 우리에게, 인생을 하나님의 관점에서 보고 행할 것을 주의하며, 기회를 최대한 활용하여 달란트를 잘 사용하는 선한 청지기가 되라고 말씀하신다. 하지만 우리가 직면하는 다양한 상황들 속에서 어떻게 이렇게 살 수 있을까? 늘 급한 일에 쫓기는 삶의 폐해를 깨닫는 것과 이것으로부터 자유로워지는 길을 발견하는 것은 별개의 문제다.

우리는 아버지의 뜻을 행하는 예수님의 본보기를 보았지만, 예수님처럼 살기 위해 필요한 그 능력은 도대체 어디서 오는 것일까? 삶을 재조정하려는 우리의 결단은 아주 미약하다. 따라서 이 문제에 대한 해답을 얻기 위해서는 주님의 약속을 의지해야 한다.

어느 날 예수님은 예루살렘 성전에서 자신이 세상의 빛이라고 주장하시며 유대 지도자들을 도전하신다. 그분은 자신의 가르침이 하나님으로부터 왔다고 말씀하신다. "내가 진정으로 진정으로 너희에게 말한다. 죄를 짓는 사람은 다 죄의 종이다.…그러므로 아들이 너희를 자유롭게 하면, 너희는 참으로 자유롭게 될 것이다"(요 8:34, 36). 그 말을 들은 사람들은, 자신은 절대로 남의 종이 되어 본 적이 없다며 격하게 반응했다. 그러나 당시 그들을 얽매고 있던 정치적, 영적 노예 상태를 잠시 잊었던 것 같다.

물론 자유의 의미에 대해서는 오늘날과 다소 차이가 있을 것이다. 일반적으로 자유는 단순히 장애물, 억류, 압박이 없는 상태를 의미한다. 그렇지만 이 의미는 소극적인 것이다. 이는 오히려 자유가 **아닌 것**을 정의하고 있다. 왜 우리는 자유로워지기를 원하는가? 속박에서 **벗어나는** 자유라는 개념을 넘어 어떤 목적을 **위해** 자유로운 상태를 요구할 때, 우리는 비로소 자유의 진정한 의미를 알게 된다. 그럴 때에만 자유의 본질 안에 내재된 한계와 책임이라는 근본적인 요소들을 이해하게 될 것이다.

자유란, 어떤 사물이 원래 의도된 목적을 이룰 수 있는 조건을 말한다. 우리는 일상생활에서 이 원리를 쉽게 찾아볼 수 있다. 예를 들어, 자동차는 도로를 빠르게 달리도록 만들어졌다. 그러나 자동차는 도로에 있는 동안에만 자유롭게 달릴 수 있다. 자동차가 갑자기 숲 속으로 뛰어들어 좀더 폭넓은 '자유'를 추구하고자 하면 결국 박살이 나고 말 것이다. 승객들을 다치게 하거나 죽이면서까지 말이다.

우리는 인간이 지음받은 목적을 알 때에만 인간의 자유가 의미하는 바를 이해할 수 있다. 우리는 **무엇을 위해** 자유롭게 되었는가? 성경은 인류에 대해, 창조주를 사랑하고 순종하는 삶을 살도록 하나님의 형상으로 지어진 존재라고 말하고 있다. 우리는 자유롭게 하나님께 순종한다. 자유롭게 그분의 사랑을 표현한다. 자유롭게 그분의 창조 세계와 지구를 돌본다.

그러나 신구약 성경에 의하면 무언가 크게 잘못되었다. 자기 운명을 손에 쥔 우리는 하나님의 뜻에서 벗어나 자기 결정이라는 늪에 빠지고 말았다. 우리는 하나님의 법칙을 범했고, 곧 무너져 버렸다. 그 타락의 결과는 신문의 헤드라인과 텔레비전 뉴스, 그리고 우리 주변의 깨어진 관계 속에서 나타나고 있다.

예수 그리스도는 죄의 문제, 즉 죄의 형벌과 죄의 권세를 다루기 위해 오셨다. 그분이 예루살렘 사람들에게 죄의 노예 상태에서 해방시키겠다고 말씀하신 것도 바로 이런 의미에서다.

예수님은 그분을 믿는 사람들에게 또 이렇게 말씀하신다. "너희가 나의 말에 머무르면, 참으로 나의 제자가 되고, 진리를 알게 될 것이요, 진리가 너희를 자유롭게 할 것이다"(요 8:31-32).

여기서 예수님은 단순히 지식 습득을 말씀하시는 것이 아니다. 그런데 사람들은 이 문맥을 왜곡시켜, 전국의 수많은 도서관 입구에 '진리가 너희를 자유케 하리라'라는 말이 새겨진 대리석을 걸어 놓았다. '인간의 근본적인 문제는 무지'라는 신화가 사회에 만연해 있다. 그렇지만 지식 자체는 우리를 자유롭게 해주지 못한다. 우리의 주요한 적(敵)은 죄이지 무지가 아니다. 루이스$^{C. S. Lewis}$는 고등 교육이 사람을 좀더 영리한 악마로 만드는 경우가 많다고 지적했다.

사도 바울은 인생에 대해 좀더 현실적인 관점을 가지고 있다. 그는 솔직하게 "나는 내 속에, 곧 내 육신 속에 선한 것이 깃들어 있지 않다는 것을 압니다. 선을 행하려는 의지는 나에게 있으나, 그것을 실행하지 않으니 말입니다"(롬 7:18)라고 말한다. 죄를 짓고자 하는 사악한 내적 충동과의 고통스런 갈등을 말하는 것이다. 그는 "누가 이 죽음의 몸에서 나를 건져 주겠습니까?" 하고 소리친다. 그 해답은 "우리 주 예수 그리스도"(롬 7:24-25)이시다.

예수님은 자신을 따르는 자들에게 제자도의 핵심을 말씀하신다. "너희가 나의 말에 머무르면"이라는 말이 그것이다. 이는 그분의 말씀에 헌신하고 우리가 이미 알고 있는 것에 의거하여 행동하는 삶을 말한다. 그 맥락 속에서 우리는 하나님의 진리에 대해, 우리 자신과 다른 사람들에 대해, 우리 인생을 향한 그분의 목표와 우리에게 닥치는 문제에 대해 계속 배워 간다. 그 과정에서 주님은, 늘 급한 일에 쫓기는 삶에서 우리를 자유케 하신다.

아우구스티누스는 그리스도인의 삶 속에 있는 역설을 이렇게 표현했다. "하나님의 노예가 되는 것이야말로 완전한 자유다." 다시 말해 **하나님의 뜻, 우리를 지으신 그 목적에 헌신할 때, 지음받은 목적에 맞는 사람이 되는 자유를 얻게 된다.** 하나님이 선택하신 길을 따라 여행할 수 있는 자유 말이다.

시간 관리

20세기 초 경영학자들은 노동자의 업무를 평가하고 생산성을 높이기 위해 시간 동작 연구 time-and-motion study를 개발했다. 그들은 고속 촬영 slow-motion 카메라와 계산기를 사용하여 직무를 분석하고 불필요한 일을 제거했다.

생산에 적용되던 시간 관리 원칙과 기법들은 조립 라인에서 시작해 점차 윗자리까지 올라가, 마침내 회사 사장에게까지 적용되었다. 이런 접근법은 공공 부문과 전문직 종사자들, 종교 단체와 자선 단체에까지 파급되었다. 최근 수십 년 사이에, 현대 생활의 끊임없는 압박에 대처하는 법을 다룬 세미나와 책들이 홍수를 이루었다.

교회도 뒤늦게 이런 관리 원칙을 사용하는 세속의 대열에 합류했다. 재계과 산업계에서의 관리 경력을 바탕으로 이런 접근법을 옹호하는 그리스도인들은, 교회와 선교단체 그리고 주일학교들이 얼마나 잘못 관리되고 있는지를 알고 경악했다. 얼마 안 되어 복음주의자들이 주도하는 세미나와 책들은 세속 세계와 비교해도 손색이 없을 만큼 수준이 높아졌다.

시간 관리 도구들은 인적 자원 및 재정 자원을 좀더 잘 관리할 수 있게 해주었다. 이런 도구들은 하나님 나라의 목표 달성에 이용되는 한, 교회의 미래를 위한 효과적인 도구가 될 것이다.

그러나 우리는 '시간 관리'라는 용어가 잘못된 말임을 깨달아야 한다. 사람은 시간을 늘리거나 줄이거나 혹은 비축해 두거나 잃어버리거나 할 수 없으며, '관리'는 더더욱 불가능한 일이다. 문제는, 우리에게 삶의 목표와 가치를 부여하시는 예수 그리스도의 주권 아래서 **우리 자신을** 관리하는 것이다. 우리에게 주어진 시간 안에서 무엇을 할 것인가? 어떻게 그 일을 계획하고 결정하고 조직하고 평가하며 수정할 것인가? 이것이 근본적인 문제다. 무엇보다 중요한 것은 **우리에게 주어진 시간의 틀 안에서** 자신을 관리하는 것이다. 이것이 흔히 '시간 관리'라고 잘못 붙여진 말의 본뜻이다.

앞으로 우리는 이런 원칙을 실천할 방안들을 탐색할 것이다. 그 기초적인 네 단계는 다음과 같다.

1. 우선순위를 정하라(4장)
2. 시간 사용 현황을 조사하라(5장)
3. 시간 예산을 세우라(6장)
4. 계획을 실행하라(7장)

이런 방법은 하나, 둘, 셋, 넷, 딩동댕 하는 식의 성공을 위한 공식이 아니다. 네 단계가 논리적인 순서를 따르고 있기는 하지만 동시에 일어날 수도 있다. 어떤 단계는 좀더 자주 사용될 수도 있다. 그러나 모든 단계가 그리스도의 주권 아래, 늘 급한 일로 쫓기는 삶에서 벗어나 우리의 능력과 에너지를 좀더 생산적으로 사용하기 위한 과정에 반드시 필요하다.

1. 당신은 그날 해야 할 일들의 우선순위를 정하는 아이비 리의 방법에 대해 어떻게 생각하십니까?

2. 당신의 삶에서 가장 중요한 영역은 무엇입니까? 당신이 그리스도 안에서 새로운 삶을 얻은 후 그 영역에 대한 관점은 어떻게 달라졌습니까?

3. 이 장에 소개된 자유의 정의(定義)에 대해 어떻게 생각하십니까? 이 원리를 당신이 처한 상황에 적용해 보십시오.

4. 당신의 경우, 자기 관리에 장애물이 되는 것은 무엇입니까?

제일 중요한 것을 먼저 하라.
그러면 두 번째 것은 저절로 따라온다.
두 번째로 중요한 것을 먼저 하라.
그러면 첫 번째 것과 두 번째 것을 모두 잃는다.

C. S. 루이스

4

1단계:
우선순위를 정하라

장기적인 목표를 이루는 효과적인 삶을 위해
우선순위를 어떻게 세워야 하는가?

최근 한 명문 대학의 총장이 중요한 교수 회의에 참석해 달라는 요청을 받았다. 교수 회의 위원들은 다음 회계 연도에 있을 여러 교육 프로그램을 시행하는 데 소요될 예산 항목들 때문에 고민하고 있었다. 그들은 기부금이 많이 늘어나 거의 5억 달러에 이른다는 보고서를 방금 읽은 상태였다. 그러한 사실에 비추어 보면, 교수진들이 몇몇 중요한 학과의 예산을 늘려 달라고 하는 것은 정당한 요구로 보였다.

총장은 위원들에게 대학의 전체적인 재정 현황을 간단히 설명하고, 기타 영역에서 요구되는 새로운 주요 예산 요청액도 설명했다. 그는 "단체의 예산 가용액이 아무리 많다 해도, 우선순위를 정해서 신중하게 결정해야 합니다"라고 말했다.

이제 이런 원칙을 개인적인 차원에서 어떻게 적용할지 검토하기 전에, 먼저 생산성을 높임으로써 제한된 자원이라는 문제를 해결하려는 태도부터 살펴보자.

우리는 얼마나 효율적일 수 있는가?

산업혁명의 표어는 **효율**이었다. 적은 비용으로 많이 생산하기 위해 화학 공정, 기계 공정에 사용되는 기계들을 끊임없이 새로 만들어 냈다. 그리고 이런 목표는 점차 삶의 다른 영역, 즉 가정에까지 침투하여 '노동 절약형' 제품들이 발명되고 판매되었다.

아울러 각 기관의 인력과 업무 절차에 관한 시간 동작 연구와 초창기 시간 관리 운동에서도 효율이라는 말이 표어가 되었다. 그들 연구의 목표는 '힘들게 일하지 말고 지혜롭게 일하자'라는 슬로건으로 널리 알려지게 되었다. 그렇게 할 때 보상은 약속되는가? 근무 시간을 잘 관리하면 저녁 시간이나 주말, 휴일에는 다른 활동을 할 수 있을 것이다. 가족과 함께 보내는 시간이나 여가 시간, 지역 사회 봉사나 시민운동에 할애할 시간을 충분히 얻게 될 것이다. 시간 관리법은 적절히 활용하기만 하면 가정을 잘 꾸려 나가고, 휴가 계획을 짜며, 심지어 경건 생활을 풍요롭게 하는 데도 효율의 향상을 가져올 것이다. 보라, 이 천 년 왕국을, 사자와 어린 양이 가장 친한 친구가 되는 이 왕국을!

그러나 이 약속은 아직 이루어지지 않았다. 왜 이런 꿈이 실현되지 않는지 의아할 따름이다. 한 가지 이유는 '의도하지 않은 결과의 법칙'Law of Unintended Consequences 때문이다. 이는 계획된 유익을 잠식하는, 예측하지 못한 부정적인 부산물을 의미한다. 예를 들어, 컴퓨터와 같은 노동 절약형 기계들은 활용 가능한 프로그램의 종류를 훨씬 많이 개발해 준다. 그러나 또한 컴퓨터 때문에 종종 더 많은 시간을 빼앗기고 이전보다 훨씬 많은 서류를 작성해야만 한다. 바쁜 중역진에게는 비교적 편리하고 저렴한 이메일이 뜻하지 않은 부담이 되고 있다. 아침마다 컴퓨터는 신속한 검토와 그에 따른 긴급한 행동을 요구하는 엄청난 양의 메시지로 이들을 기다리고 있다. 이런 추가 부담으로 말미암아 그들은 예전에 바구니 '안에' 편지가 쌓여 있던 시절을 그리워하기도 한다.

경영 컨설턴트들의 약속이 이루어지지 않는 또 다른 이유는 "일은 언제나 늘어나서 여유 시간을 잡아먹는다"는 파킨슨 법칙Parkinson Principle 때문이다. 파킨슨이 정부 관료들에게서 발견한 이런 경향은 개인의 삶에도 적용된다. 효율성이 크게 높아진다고 해서 기대하는 만큼 시간이 자동적으로 절약되는 것은 아니다. 조직이나 개인은 이런 시간을 중요해 보이는 다른 급한 일에 사용해 버린다.

효과적인 삶

열심히 일하고 좀더 효율적으로 일한다고 해서 반드시 성취감을 느끼게 되는 것은 아니다. 왜 그럴까? 우리는 경영 원리와 실제에 대한 영향력 있는 선구자이자 전파자였던 한 사람을 통해 이에 대한 답을 얻을 수 있다.

피터 드러커Peter Drucker는 효율성 전문가들이 잘못된 목표를 추구하고 있음을 깨달았다. 그는 자주 동의어처럼 사용되는, **효율적**efficient이라는 단어와 **효과적**effective이라는 단어를 명확하게 구분했다. 예를 들어, 사전에서는 효율적이라는 단어를 '낭비나 비용 또는 불필요한 노력을 최소화하면서 효과적으로 행동하거나 생산하는 것'이라고 정의한다. 반면 효과적이라는 단어는 '의도하던 혹은 기대하던 효과를 얻는 것'이라고 정의한다. 이 두 단어는 의미가 전혀 다르다. 효율적이라는 단어는 생산 수단, 또는 그 일을 수행할 때의 경제성 정도를 강조한다. 반면 효과적이라는 단어는 어떠한 활동이 수행되는 목적이나 그 결과에 초점을 맞추고 있다.

전쟁 시에 군(軍)은 국가의 자원을 최우선 순위로 사용할 수 있다. 제2차 세계대전 때는 자동차를 생산하는 시설이 여러 종류의 군용차, 예를 들어 지프차나 장갑차, 전차 등을 생산하는 시설로 전환되었다. 민간용 휘발유는 엄격하게 제한 배급되었다. 그러나 전쟁에 필요한 경우들, 예를 들어 군사 업무에 종사하는 사람은 특별 휘발유 쿠폰을 받았다.

당시 사람들은 운전을 천천히 하고 가능하면 승객을 많이 태움으로써 좀더 효율적으로 차를 사용하라는 권고를 받았다. 그와 동시에 온 나라에는 다음과 같은 포스터가 붙어 모든 사람에게 가장 중요한 질문을 던지고 있었다. "이번 여행, 꼭 가야만 합니까?"

드러커는 최소한의 시간과 에너지를 사용하여 어떠한 일을 아주 **효율적**으로 할 수는 있다고 말한다. 그러나 일은 실제로 우리의 목표에 부합할 경우에만 **효과적이다**. **진정한 효과는 일을 잘 하는 것**doing things right**이 아니라 해야 할 일을 하는 것**doing the right things**이다.** 예를 들어, 당신이 매우 효율적이고 자세하게 당신의 개인적인 재정 상태를 잘 기록하고 있다고 하자. 그러나 당신이 이 일로 자신을 칭찬하기 전에 먼저 스스로에게 던질 질문이 있다. "이러한 기록이 과연 필요한가?"

효과적인 사람은 일을 좀더 효율적으로 해내는 데 성공했다고 해서, 중요하지 않은 활동을 하는 잘못을 덮어 버리지 않는다. 중요한 문제는 단기적인 효율이 아니라 장기적인 효과다. 다시 말해, 지금 하는 일이 얼마나 중요한 일인지가 문제다.

1단계: 우선순위를 정하라

우선순위를 정하는 절차는 앞에서 살펴본 중요성과 긴급성의 모델에 바탕을 두고 있다. 여기서 모든 일은 중요성과 긴급성의 정도에 따라 평가된다. 우리가 하는 모든 활동은 스펙트럼의 전 영역에 분포되어 있는데 어떤 것은 이 쪽 끝, 또 어떤 것은 다른 쪽 끝에 있기도 하지만, 대부분은 중앙 어디쯤에 위치한다.

중요성은 우리의 최고 우선순위 목표에 기여하는 정도에

따라 측정한다. 급하지는 않지만 중요한 일은 우리가 주도적으로 인내심을 갖고 해 나가야 한다. 이런 일들은 오늘 당장, 혹은 이번 주나 이 달 중에 해야 한다는 압박이 없는 경우가 많기 때문에, 그 궁극적 가치에 대한 우리의 헌신으로 동기 부여를 해야 한다. 이런 일의 예로는 장기적인 계획 수립, 관계 형성, 휴가 등을 들 수 있다.

긴급성은 즉각적인 대응을 요구한다. 긴급한 일은 우리의 행동을 요구하면서 우리 삶에 끼어든다. 때론 일의 주도권이 다른 사람에게 있고, 그 일이 자신보다는 다른 사람에게 더 중요한 경우가 있다. 이런 일들은 우선순위로 정한 일들에 기여하기보다는 오히려 방해가 된다. 전화 호출, 팩스, 이메일, 예고 없는 방문 등이 그 예다.

우리가 하는 활동은 대부분 이런 두 요소, 즉 중요성과 긴급성 사이의 긴장 혹은 경합이라는 특징을 갖는다. 다음은 이 두 요소가 다양하게 결합한 경우로서, 주어진 임무를 평가하는 데 도움이 될 것이다.

중요하고 긴급한 일　이런 활동은 중요한 결과를 초래할 일이며 즉각적인 행동을 요구하기 때문에 당연히 최우선 순위를 갖게 된다. 이것은 계획표에는 없을지라도 목록의 최상위를 차지한다. 예를 들면 예기치 않은 중요한 문제나 위기, 마감 시간이 임박한 일 등이다.

중요하나 급하지 않은 일 이런 활동은 즉각적인 행동을 요구하지는 않지만 높은 우선순위를 갖는다. 예를 들면 계획하는 일, 목표를 수정하는 일, 관계를 증진시키는 일 등이다. 이것은 효과적인 사람들의 시간 관리 명부의 중심부에 있긴 하지만, 이런 활동은 당장 해야 하는 것이 아니기 때문에 무시되는 경우가 많다. 이 일들은 늘 급한 일에 쫓기는 삶에 가장 값비싼 희생자가 되기 쉽다.

중요하지 않으나 급한 일 중요하진 않지만 긴급함이라는 가면을 쓰고 있는 이런 활동은 우리로 하여금 이것이 굉장히 가치 있는 일인 듯한 착각에 빠지게 만든다. 그 예로는 여러 종류의 방해거리를 들 수 있다. 전화 호출, 회의, 방문객, 정보에 대한 요청 등이다. 우리는 다른 사람들의 기대를 만족시키기 위해 이런 일에 몇 시간을 바쁘게 보낼 수도 있다.

당신은 이런 범주들을 염두에 두고서, 당신이 하고 있는 활동의 우선순위를 확인할 수 있다. "나는 이 일을 할 시간이 없어"라고 말할 때 당신은 사실 "이 일이 내가 지금 하는 일, 혹은 내가 해야 하는 다른 일보다 더 중요하다고는 생각하지 않아"라고 말하는 것이다. 어떤 이유에서건 당신은 시간을 다른 데 사용하기로 결정한 것이다. 문제는 시간 부족이 아니라 당신이 한 선택이다.

첫 번째 단계는 어떤 활동이 가장 중요한지를 결정하고 그에 알맞게 하루, 일주일, 한 달의 우선순위를 계획하는 것이다. 중요한 것은 당신의 계획표에 적힌 활동들을 놓고 그것들에 우선순위를 매기는 것이 아니라, 미리 정해진 우선순위에 따라 계획표를 작성하는 것이다.

우선순위 목록은 두 가지로 만들 수 있다. 하나는 일의 중요성에 따라, 또 하나는 긴급성에 따라 '꼭 필요한 열 가지 일'이라는 목록을 만드는 것이다. 그리고 나서 이 두 목록이 얼마나 잘 일치하는지를 보고 이 두 요소를 고려한 제3의 목록을 만드는 것이다. 마지막으로 이 목록을 따라 엄격하게 정해진 순서대로 일을 수행한다(부록 229면 참조).

재물 사용에 대해 모든 그리스도인을 위한 청사진이 있을 수 없는 것처럼, 시간 사용의 경우에도 모든 그리스도인에게 똑같이 적합한 청사진은 없다. 하나님은 우리에게 서로 다른 능력과 에너지, 기회와 책임, 개인적인 필요를 주셨다. 이런 관점에서 당신은 다른 사람과 비교하지 말고, 생산적인 그리스도인의 삶을 살기 위해 필요한 기본 요소들을 현실성 있게 고려해야 한다. "하나님, 지금 당신이 보실 때 제 삶의 우선순위는 무엇이라고 생각하십니까?"라고 여쭈어 보라. 그러면 기도하는 가운데 적절한 개인적 목표를 설정할 수 있을 것이다.

이 부분에서는 직업 및 그와 관련된 요소들은 제외하라. 그 활동 영역은 별도로 다루어야 한다. 여기서 당신의 활동에는 하나님, 가족, 이웃, 친구들과의 개인적인 관계의 영역을 포함시키라. 당신 자신에게 물어 보라. **내 인생에서 중요한 사람들은 누구인가, 그리고 그들에게 내 시간을 어떻게 할애할 것인가?** 또한 지역 사회를 위해 해야 할 일이나 학교, 이웃, 교회를 위한 프로그램이 있는지 살펴보아야 한다. 그리고 취미, 여가 선용, 운동, 홀로 있는 시간 등 개인적인 필요를 반드시 고려해야 한다.

당신의 삶의 주요한 영역을 검토하면서, 무시되고 있거나 개선이 필요하다고 느끼는 너댓 가지 중요한 활동을 선택하라. 그리고 각각에 대해 '성장 목표'를 적고 그 일을 하는 빈도수를 결정하라. 하루에, 일주일에, 혹은 한 달에 몇 번 하는 식으로 말이다(부록 231면 참조).

예를 들어 경건의 시간은 매일, 운동 시간은 일주일에 네 번 정도로 결정할 수 있다. 교회의 예배나 봉사 활동은 대개 주 단위일 것이며, 기타 프로젝트는 월 단위일 수도 있다. 일 년에 한 번 있는 정기 휴가는 그해의 오아시스나 마찬가지다(그러니 확실히 챙겨야 한다!). 이런 추정 기간들을 목록으로 만들어 두면 7장에 나오는 계획표 작성 시에 많은 도움이 될 것이다.

이는 단지 초안이며 시험 운행이라는 점을 명심하라. 이렇게 해 보면 간단한 4단계 절차를 활용하는 데 좋은 실습이 될 것이다. 시간 관리 세미나에 참석하고 나면 길고 복잡한 프로그램을 두꺼운 노트와 교재에 담아오는 경우가 많다. 그러나 집으로 돌아와서는 많은 압박들 때문에 이 책들은 흔히 책꽂이에 평화롭게 꽂힌 채, 다시 사용하기까지 더 많은 시간이 걸리는 경우가 많다.

당신이 선택한 목표들이 상대적으로 얼마나 중요한지를 재검토하라. 그러나 아직 계획표를 작성하지는 말라. 지금까지 당신은 당신의 삶에서 가장 소중한 일들이 무엇인지를 분명하게 인식하였다. 미래 활동에 대한 계획을 세우기 전에 우리는 과거의 생활 유형부터 살펴보아야 한다.

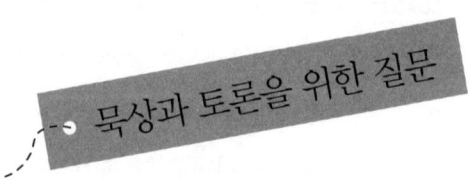

1. 일은 더 효율적으로 했지만 기대했던 결과를 얻지 못한 경험이 있다면 말해 보십시오.

2. 그저 긴급하기 때문에 당신의 중요한 활동을 방해하는 일이 있다면 한두 가지를 말해 보십시오.

3. 당신이 설정한 몇 가지 중요한 목표를 적어 봅시다. 당신은 이런 목표를 달성하기 위해 얼마나 노력하고 있습니까?

4. 당신은 지금 이 시점에서 우선순위를 다시 정해야겠다는 필요를 얼마나 느끼고 있습니까?

나는 늘 서두르기는 하지만 결코 허둥대지는 않는다.
왜냐하면 나는 영혼의 평정을 유지할 수 있는 만큼만
일하기 때문이다.

존 웨슬리 | John Wesley

5

2단계:
시간 사용 현황을 조사하라

삶의 실질적인 변화를 위해 시간 사용 현황을
조사해야 하는 이유와 그 방법은 무엇인가?

 일단 우선순위가 명확해지면, 다음은 현재의
시간 사용(이상적이라고 생각하거나 원하는 대로의 시간
사용이 아니라 실제 시간 사용)을 살펴보아 우리가 설정한 우선순위
와 얼마나 잘 일치하는지를 점검해야 한다. 그럴 때에야 우리
는 비로소 목표를 달성할 수 있는 계획표를 지혜롭게 짤 수
있다.

2단계: 시간 사용 현황을 조사하라

어떤 사람들은 자신이 어떻게 시간을 사용하고 있는지 이미 잘 알고 있다고 믿기 때문에 이 단계는 필요 없다고 생각한다. 필자가 인도한 시간 사용에 관한 세미나에 참석했던 폴이라는 공학도도 그런 사람이었다. 한 달 후 그는 내게 이런 편지를 썼다.

세미나에 참석했을 때는 제가 시간을 어떻게 사용하고 있는지 잘 알고 있다고 확신했습니다. 그러나 며칠 후 시험적으로 실제 시간 사용 현황을 조사해 보았는데 그 결과는 너무도 놀라웠습니다. 저는 보통 저녁 식사 후, 공부를 시작하기 전에 '그저 몇 분 간' 당구 게임을 하곤 했습니다. 보통 하루에 30분 정도일 거라고 생각했습니다. 그러나 실제로 조사해 보니 일주일에 8-10시간이 소요되었습니다! 저는 이 사실을 도저히 믿을 수 없었지만, 그 엄연한 사실을 회피할 수도 없었습니다. 그래서 필요하긴 하지만 너무 많은 시간을 잡아먹는 여가 시간을 좀더 엄밀하게 관리해야겠다고 결심했습니다. 그렇게 해서 저는 바쁜 일정 중에서 일주일에 6시간을 확보할 수 있었으며 이 시간을 좀더 중요한 활동에 사용하고 있습니다.

폴의 경험은 두 가지 종류의 시간, 즉 내적 시간과 외적 시간을 설명해 주고 있다. 시계로 측정한 외적 시간은 보는 사람에게 동일하다. 그러나 각 개인이 경험하는 내적 시간은 아주 다를 때가 많다. 우리가 즐기는 일을 하고 있을 때 그 시간은 매우 짧다. 그래서 이럴 때는 시간이 쏜살같이 지나간다고 느낀다. 반면에, 우리가 싫어하는 일을 해야 할 경우에는 시간이 무척 느리게 간다고 느낀다.

이런 이유 때문에 우리가 활동에 대해 느끼는 감정은 실제로 경과된 시간을 측정하는 바른 지표가 될 수 없다. 우리는 시간이 실제로 어떻게 사용되는지를 알아야 좀더 효과적인 삶을 위한 실질적인 변화를 도모할 수 있다. 과거의 시간 사용에 대한 기록이 미래에 영향을 미칠 근거가 된다.

이 점에서 우리는 돈을 사용하는 것과 시간을 사용하는 것을 비교해 봄으로써 유익을 얻을 수 있다. 재정적인 곤경에 처한 사람들—주로 신용카드 연체료를 갚지 못해 곤경에 빠진 경우가 많다—은 재정 상담원을 찾아가는 경우가 있다. 이들은 바로 그 자리에서 어떻게 하면 균형 잡힌 예산 수립을 통해 부채에서 벗어날 수 있는지 알고 싶어한다. 때문에 이들은 이 일을 위한 첫 단계가 자신의 돈을 **어떻게 사용해야 하는지**에 대한 이상적인 예산을 수립하는 것이 아니라는 말을 들으면 놀라곤 한다. 오히려 재정 상담원들은 지금 현재 돈을 **어디에다 사용하고 있는지** 자세히 조사하라고 요구한다.

시간 예산을 세우는 것도 이와 똑같다. 먼저 당신은 지금 시간을 어떻게 사용하고 있는지를 알아야 한다. 당신의 활동 양상은 생활 방식, 즉 삶의 목표와 가치관뿐만 아니라 개인적인 욕구와 필요를 반영한다. 따라서 시간 사용 조사는 매우 핵심적인 단계다. 현재 계획표를 바꾸려면 좀 고통스러운 면도 있겠으나, 지금의 현실에서부터 시작해야 한다. 우리는 머리와 몸만 가지고 있는 것이 아니다. 활동의 많은 부분은 정서적인 요인에 영향을 받는다. 그래서 '일 중독증'은 그저 좀더 효율적으로 일하는 습관을 들이려고 노력하는 것만으로는 극복하기 힘들다.

폴의 경우처럼 이런 단계가 필요 없다고 생각할 수도 있지만 그래도 잠깐 시간을 내어 해 보는 것이 어떻겠는가? 당신도 그 결과에 놀랄지 모른다.

일주일을 기본 단위로

우리는 시작 단계에서 '어디서부터 시작할 것인가, 어떤 시간 단위로 할 것인가?'를 물어 보아야 한다. 아이비 리의 경우처럼 대부분의 시간 관리 기법은 일일 계획에 기초하고 있다. 이에는 그럴 만한 이유가 있다. 하루는 일출과 일몰에 따라 결정되는 가장 짧은 자연 시간 단위다. 우리는 이 하루를 매시간으로 나누어 필요한 활동들을 계획할 수 있다. 그리고 하지 못한 일은 다음날로 미루는 것이 보통이다. 다음 장에서 살펴보겠지만 이런 일일 계획은 유용하다.

그러나 하루를 기본 주기로 삼는다면 우리는 급한 일에만 초점을 맞추게 되어 중요한 일에 대한 관심이 줄어들 수 있다. 때문에 우리의 기본 계획 단위는 일주일로 할 것이다. 현대 사회는 이 시간 단위를 활동을 계획하는 기초로 인정하고 있다. 회사, 산업, 정부 그리고 교육 분야는 일하고 쉬는 면에서 일주일을 기본 틀로 삼고 있다.

이러한 유대-기독교적인 전통은 창세기 1장의 창조 기사에 그 기원을 두고 있다. 여기서 하나님은 6일은 창조 활동에, 그 다음 하루는 휴식에 쓰신 것으로 표현되고 있다. 이런 유형은 제4계명, 즉 "안식일을 기억하여 그날을 거룩하게 지켜라.…내가 엿새 동안 하늘과 땅과 바다와 그 안에 있는 모든 것을 만들고, 이렛날에는 쉬었기 때문이다"(출 20:8, 11)라는 말씀에 기초하고 있다.

일과 안식에 대한 이런 유형은 초대교회 시절 주일의 형태로 계속되었고, 결국 서구 사회에 완전히 스며들었다. 오늘날 대부분의 사람은 여가와 여러 가지 종류의 기분 전환 활동을 포함한 삶의 계획을 일주일 단위로 생각하고 있다. 이런 일주일의 틀 속에서 이미 하루 계획표에 들어가 있는 활동에 대해 우선순위를 매기는 아이비 리의 방법은 매우 유용할 수 있다. 좀더 장기적인 계획을 생각한다면 월간 혹은 연간 우선순위를 생각할 수도 있다. 그러나 여기서는 일주일 단위의 활동 기록표를 얻는 데 초점을 맞출 것이다.

기록해 두라!

아주 전형적인 일주일의 활동을 기록으로 남겨 두는 것이 중요하다(부록 232면 참조). 매일매일이 아침에 일어나 잠자리에 드는 시간까지 30분 단위로 나누어져 있다. 이 정도 구분이면 충분하다. 더 짧은 단위로 하면 일이 너무 복잡해질 것이고, 더 긴 단위로 하면 정밀성이 떨어질 것이다.

일주일 동안 당신이 하는 모든 일을 추적하라. 각 날의 모든 칸을 채워 넣으라. 규칙적으로 일하는 직업을 갖고 있다면 이 작업을 시작할 때 아예 그 시간은 지워 버려라. 그 시간들은 별도로 평가해야 한다. 밤에 물을 끄기 전 모든 칸에 하루 일과를 식사, 전화, 독서, 교회 활동, 쇼핑까지도 모두 적어 넣었는지 확인하라. 도중에 끼어든 일이 있다면, 예를 들어 장시간의 전화 통화라도 그 시간을 재서 가까운 쪽 30분짜리 칸에 적어 넣으라.

그 주의 마지막 날, **각 활동에 소요된 시간을 합산해서 그것을 당신이 첫 단계에서 설정한 우선순위와 비교해 보라.** 충격을 받을지도 모르니 조심하라. 폴의 경우처럼 대부분은 우리가 높은 우선순위를 부여하는 활동과 실제로 거기에 사용하는 시간 사이에 큰 차이가 있다.

당신은 '이런 상황을 개선하기 위해 할 수 있는 일이 무엇일까? 내 스케줄은 이미 가득 차 있는걸!' 하며 의문을 갖게 될지 모른다. 이에 대한 대답은 6장에서 다루기로 하고, 그 전에 이 표를 좀 다른 관점에서 볼 필요가 있다. 시간의 실제 사용 내역은 각 범주에 사용된 **시간의 양**을 말해 주고 있다. 그러나 그 활동의 질에 대해서는 어떤가? 이 질문에 대답하려면 시간이라는 단어의 두 가지 대조적인 의미를 살펴보아야 한다.

두 종류의 시간

일상생활에서 우리는 시간을 분, 시, 하루, 일주일, 한 달, 일 년 등 측정할 수 있는 양의 개념으로 말한다. 이런 의미의 단어들은 일정 기간에 계속된 활동의 길이를 말해 준다. 그러나 다른 한편 우리는 질적인 문제에도 관심을 갖는다. 좋다 나쁘다, 옳다 그르다, 마음에 든다 안 든다는 식으로 생각하는 특별한 사건이나 상황 말이다. "그 파티에 온 사람들은 모두 아주 좋은 시간을 가졌어"라고 말할 때 우리는 시간의 양에 대해 말하는 것이 아니라 그 내용에 대해 말하는 것이다.

예를 들어, 워싱턴 주의 어느 상원 의원이 재출마할 계획을 가지고 있으나 아직 이 결심을 공개하지 않았다고 하자. 국가 교육 정책에 관심이 많은 이 상원 의원은 한 주립 대학에 강연 초청을 받았다. 이때 두 가지 질문이 제기될 수 있는데 첫째는 이미 꽉 찬 일정에서 얼마나 시간을 낼 수 있을지 하는 문제와, 둘째는 이 강연이 의원에게 선거 운동을 시작할 좋은 기회인가 하는 문제다.

이 두 가지 개념의 중요한 차이점은 성경에서도 거의 천 번 가까이 언급되면서 일관되게 나타나고 있다. 이는 며칠, 몇 주, 몇 개월, 몇 분기, 몇 년 등의 길이 개념으로도 많이 언급되고 있지만, 그와 마찬가지로 기회나 위기, 또는 축제가 되는 특별한 상황들도 중요하게 생각되고 있음을 볼 수 있다.

구약의 저자들은 이스라엘의 과거, 현재, 미래라는 연대기에 큰 관심을 가지고 있었다. 그들의 직선적인 역사관, 즉 역사란 어떤 목적을 가지고 있으며 시작과 끝이 있다는 생각은 이들로 하여금 다른 어떤 나라보다도 시간을 더욱 의식하도록 만들었다. 이들은 또한 중요한 기념일이나 기뻐하며 경배하는 축제와 같은 사건적인 날의 가치를 중요시하는 질적인 시간 개념을 갖고 있었다.

신약 성경에는 시간이라는 말을 나타내는 두 개의 평범한 헬라어가 나오는데 바로 '크로노스'(55회 사용)와 '카이로스'(85회 사용)다. 이 두 단어는 대체로 우리가 앞에서 살펴본, 시간의 두 가지 의미를 나타낸다. 크로노스는 주로 측정할 수 있는 시간의 길이를 의미하는 반면, '카이로스'는 어떤 적합한 경우나 사건을 의미한다.

하나님의 백성에게는 시간이 흐르는 것이 위협이 되지 않는다. 하나님이 역사 속에서 활동하시기 때문에 거기에는 오히려 소망의 요소가 있다. 주님은 예레미야를 통해서 이스라엘에게 "너희를 두고 계획하고 있는 일들은 오직 나만이 알고 있다.…너희에게 미래에 대한 희망을 주는 것이다"(렘 29:11)라고 확신을 주신다. 이 약속의 연대기적 시간과 그 내용은 모두 메시아의 오심으로 성취되었다.

이런 구분은 현재 시간 사용과 미래를 위한 계획에 아주 중요한 것이다. 지금까지 우리의 주간 활동표는 직선적이고 측정 가능한 시간인 '크로노스'에 초점을 맞추었다. 우리는 단지 각각의 주요 활동에 소비한 시간의 길이를 측정함으로써 그 양적인 측면을 다루었다. 이제 우리는 질적인 시간인 '카이로스'의 중요성을 인식할 필요가 있다.

다시 당신의 도표를 살펴보고, 인격적인 관계에 초점이 맞추어진 활동에 표시를 하라. 사물과 관련된 일과 사람과 관련된 일은 근본적으로 다르다는 점을 명심하라. 일에 대해서는 많은 경우 끝내는 시간을 계획할 수 있지만 사람에 대해서는 그럴 수가 없다. 인격적인 관계를 세워 나가는 '카이로스적인' 경험을 위해서는 '크로노스'를 준비해 둘 필요가 있다. 인격적인 관계를 세우는 것은 끝이 없는 과정이다.

다음 장에서는 이런 두 종류의 활동을 계획하는 일에서 시계와 달력이 어떤 역할을 하는지 살펴보기로 하자.

묵상과 토론을 위한 질문

1. 당신이 즐기는 일 중에 필요 이상으로 많은 시간을 소비하는 활동은 무엇입니까?

2. 재물 사용과 시간 사용의 비슷한 점은 무엇이라고 생각합니까?

3. 당신의 전형적인 일주일 시간표를 보고서 깨달은 점이 있다면 무엇입니까?

4. 인간관계를 위한 질적인 시간과 양적인 시간은 어떻게 다릅니까? 당신은 이 둘을 잘 조화시키고 있는지 말해 보십시오.

산업 시대에 가장 중요한 기계는
증기 기관차가 아니라 시계다.

루이스 멈포드 Lewis Mumford

6

3단계: 시간 예산을 세우라

시계와 달력이라는 도구를 지혜롭게 사용하여
실현 가능한 시간 예산을 세우는 방법은 무엇인가?

몇 년 전 나는 멕시코 시를 처음으로 방문했다. 캠퍼스에서 예수 그리스도를 효과적으로 전하는 일에 관심이 많은, 헌신된 그리스도인 교수들을 만나기 위해서였다. 그곳에서 며칠 지낸 후, 멕시코 기독학생회 InterVarsity Christian Fellowship 총무는 내 일정에서 하루를 비워 멕시코 시 남쪽에 있는 고대 피라미드로 나를 안내하였다.

어느 대학의 교수 한 분이 나를 만나러 오기로 되어 있었기 때문에, 우리는 오후 서너 시쯤 다시 집으로 출발하였다. 중간

쯤 왔을 때 가이드가 뭘 좀 먹고 가자며 작고 아름다운 어느 마을에 차를 세웠는데, 난 사실 좀 놀랐다. 한가로이 휴식을 즐기다가 시계를 보니, 대충 계산해 보아도 약속한 다섯 시보다 족히 한 시간은 늦게 생긴 것이다! 그런데도 가이드는 전혀 아랑곳하지 않았다.

다시 차를 몰아 도시 가까이에 오자 그 악명 높은 교통 체증이 시작되었고, 차는 엉금엉금 기어갔다. 이젠 한 시간보다 훨씬 더 늦게 되었다. 그 교수가 우리를 초조하게 기다리면서 집에 갈지 말지 망설이고 있는 모습이 떠올랐다. 그러나 나도 어찌할 수 없는 문제였기에 결국 걱정은 접어 두고 경치를 즐기기로 했다.

일곱 시가 다 되어서야 가까스로 집에 도착했다. 약속 시간보다 두 시간이나 늦은 것이다. 그런데 놀랍게도 그 교수는 아직 오지 않았다. 얼마 후에 그가 도착했는데, 아무런 사과의 말도 없이, 중요한 교수 회의가 있었고 분위기가 과열되어 생각했던 것보다 훨씬 많은 시간이 걸렸노라고 설명했다. 늦긴 했지만 우리는 대화를 재촉할 필요가 없었다. 그들의 관습에 따라 저녁 식사가 아홉 시쯤 나올 것이었기 때문이었다.

이 경험은 내게 매우 중요한 질문을 던져 주었다. 얼마나 늦어야 늦은 것인가? 상대방이 당연히 제시간에 도착할 것이라고 기대하는 근거는 무엇인가? 멕시코인들은 내가 익숙해 있는 기준과는 조금 다른 기준으로 살고 있는 것이 분명했다.

세계의 다른 많은 문화가 그런 것처럼, 멕시코인들은 '사건 지향적'event-oriented인 관점을 가지고 있다. 친목 모임이나 비즈니스 모임은 시간에 맞추어 시작하는 것이 아니라, 그 시간이 언제가 되었든 중요 인물이 도착할 때 시작한다고 생각한다. 예를 들어, 필리핀에서는 만찬 때 '시간에 맞추어'on time 음식이 나오더라도 사람들이 주빈이 도착하는 '시간에 맞추기 위해' timely 음식에 손을 대지 않고 기다리느라 나중에 식은 음식을 먹는 경우가 있다고 한다. '이른지 늦은지'는 시계chronos가 결정하는 것이 아니라 특별한 사건kairos이 결정하는 것이다.

그러나 미국 문화에서는 시계에 맞추어 활동을 계획하고 수행한다. 사람들은 모든 일이 계획대로 시작되고 끝날 것이라고 예상한다. 십계명에 들어가지는 않지만 그에 못지않게 중요한 계명이 바로 '늦지 말지니라'이다. 일을 위해서건 놀이를 위해서건, 우리는 제시간에, 늦어도 몇 분 이내에는 도착해야 한다. 그러나 오늘날과 같은 다원주의 시대에서는 절대적인 것이 무너지고 있다. '시간 엄수'라는 기준이 이제는 상대방이 얼마나 늦을지를 알아내는 기술처럼 여겨지는 것 같기 때문이다.

사람과 사물

필리핀 만찬의 예는 사람과 사물의 차이를 알게 해준다. 필리핀 손님들의 주된 관심은 그 **참석자들에게** 있다. 미국인 손님들이라면 점점 식어 맛이 없어지고 있는 **식사에** 더 관심을 가졌을 것이다.

우리는 현재 시간을 어떻게 사용하는지, 그리고 장래 활동을 어떻게 계획하는지를 평가할 때 주로 사람과 함께 일하는 경우와 사물에 대해 일하는 경우, 이 두 가지의 중요한 차이점을 인식해야 한다. 다음은 아주 대조적인 몇 가지 예다.

사람	사물
인격적 관계	비인격적 관계
원칙적	방법론적
효과성	효율성
권한 부여 empowerment	생산
협력	수행 능력

우리는 사람과 사물을 다룰 때 '일하는 사람이 일보다 더 중요하다'는 중요한 원칙을 지켜야 한다. 물론 작업자는 자기에게 주어진 일을 해내야 한다. 그러나 그와 동시에 우리는 그 사람의 복지도 늘 염두에 두어야 한다.

이것이 바로 하나님이 우리에 대해서 느끼시는 바다. **하나님께는 우리의 행위보다 우리의 존재가 더 소중하다.** 하나님은 우리의 복지를 가장 소중히 여기신다. 하나님은 자신의 백성을 위해서 안식일을 준비해 두셨는데, 이날은 일하는 나머지 엿새만큼이나 중요했다. 나중에 우리는 그리스도인의 삶 속에서 여가 선용이 차지하는 위치를 살펴볼 것이다.

우리는 다른 사람들과 하는 다양한 활동에서 가장 중요한 핵심이 인격적인 관계라는 것을 인식할 필요가 있다. 한번은 어느 바리새인 율법 교사가 예수님을 시험하러 온 적이 있었다. "선생님, 율법 가운데 어느 계명이 중요합니까?"

예수님은 대답하셨다. "네 마음을 다하고 네 목숨을 다하고, 네 뜻을 다하여, 주 너의 하나님을 사랑하여라.····네 이웃을 네 몸같이 사랑하여라"(마 22:36-37, 39).

당신의 주간 계획표에는 다른 사람들과 관련된 활동이 포함되어 있을 것이다. 그 각각에 대해 관계의 유형(가족, 친구, 동료), 상황(가정, 이웃, 교회), 원하는 활동의 종류(여가 활용, 취미 생활, 봉사 활동) 그리고 빈도(매일, 매주, 매월)를 적어 넣으라. 만일 매월 하는 활동이라면 앞에서 말한 주간 계획표에 특별히 넣지 않아도 된다. 그런 경우는 좀더 장기적인 관점에서 특별하게 다룰 것이다.

이와 같은 관계의 영역은 효율이 아니라 효과를 필요로 한다. 좀더 적은 노력을 들여 좀더 많은 일을 하는 것이 중요한 것이 아니라, 다른 사람과 의미 있는 관계를 맺는 것이 중요하다. 그런 관계를 맺는 것은 거기에 수반되는 시간과 에너지에 비하면 정말 비효율적일지 모르지만 그래도 중요하다. 여기서는 단지 시간의 양이 아니라 시간의 질이 목표가 된다.

예를 들어, 응급 수술을 받기 위해 입원한 친구가 있다고 하자. 회사 일로 바쁜 중에도 점심시간을 쪼개어 친구를 방문한다면, 애정어린 관심을 표현하는 좋은 방법이 될 수 있다. 반면, 결혼 생활에 위기를 맞은 친구가 자신의 이야기를 관심 있게 들어 줄 사람이 필요한데, 뒤늦게 찾아가 이야기를 들어 준다면 이것은 '질 높은 시간'이 될 가능성이 낮다.

이제 당신의 계획표 속에 이미 확정된 일과 활동들을 살펴보라. 이것을 당신이 중요 항목이라고 결정하고 시작한 것들, 즉 당신의 중장기 목표들과 비교해 보라. 그리고 목표를 달성하는 데 도움이 되지 않는 것들이 있는지 살펴보라. 그런 활동들은 아예 없애 버리거나, 당장은 아니더라도 점차 없애 버려야 하지 않을까? 다음 장에서는 '안 돼요'라고 말하는 기술에 대해 살펴볼 것이다.

3단계: 시간 예산을 세우라

우선 근본적인 현실을 직시하자. 당신의 삶은 단숨에 재정리될 수 없다. 많은 '시간 관리' 프로그램이 이 점에서 오류를 범하고 있다. 그들은 당신이 백지 한 장이나 계획표 하나를 들고 앉아서, 목표를 달성할 수 있는 전혀 새로운 시간표를 만들어 낼 수 있다고 가정하고 있다. 오! 새로운 당신을 보라!

그러나 즉각 새로운 시간표에 맞추어 사는 것은 현실적으로 불가능하다. 당신의 현재 활동 양식은 복합적이다. 다소 차이는 있겠지만 당신의 활동은 수년에 걸쳐 반복된, 서로 관련 있는 욕구나 습관 그리고 만족감 등을 반영하고 있다. 이것들 중 어떤 것들은 끈질기게 계속될 것이다. 정치와 마찬가지로 **자기 개선은 단계적으로 이루어지는 '가능성의 예술'이다.**

당신이 바닷가에 앉아 하얀 파도를 바라보고 있다고 상상해 보라. 그때 백 마력짜리 모터를 단 길이 십 미터의 쾌속선이 달려온다. 그러더니 단 몇 초 만에 갑자기 배의 방향을 90도로 꺾는다. 이 급작스러운 항로 변경을 분명하게 감지한 쾌속선 탑승자들은 난간을 꽉 붙잡은 채 숨을 죽이고 있다.

그때 또 멀리 대형 여객선이 보인다. 당신이 눈으로 그 배를 좇고 있는 동안 그 배도 항로를 바꾼다. 그러나 이 배는 쾌속선과는 전혀 다르게 움직인다. 선장은 항로를 바꾸기 위해 방향타를 몇 도만 바꾸라고 조타수에게 지시한다. 배는 아주 천천히 돌고 있기 때문에 수백 명의 승객은 이것을 잘 감지하지 못한다. 사실 당신도 그 배를 오랫동안 바라보고 나서야 배가 지나온 긴 커브를 보면서 배가 새로운 항로로 가고 있음을 분명히 알게 된다. 만일 선장이 쾌속선처럼 "빨리 오른쪽으로!"라고 명령했더라면 그 배의 연결 부위들은 조각조각 갈라져, 뱃머리에서부터 시작해 결국은 해저로 곤두박질치고 말았을 것이다.

우리 인생도 대형 여객선과 같다. 우리는 항로를 조금씩 바꾸어야 한다. 그렇기 때문에 우선은 당신이 현재 하고 있는 방법대로 시간을 사용하되, **당신이 할 수 있는 만큼만 조금씩 변경하는 것을 계획하라.** 주님은 우리가 한 번에 한 가지씩 배울 수 있도록 도와주시는 이해심 많은 선생님이시다. 그분은 당신이 계속 해 나갈 수 있도록 도우실 것이다.

좀더 많은 시간을 들여야 하는, 우선순위가 높은 활동을 하나 선택하라. 그런 다음 그 일에 필요한 시간을 확보하기 위해 줄이거나 빼 버릴 수 있는 활동이 무엇인지 결정을 내리라. 만일 그 일이 당장은 당신을 필요로 하는 일이라면 점진적으로 줄여 나가야 할 것이다. 중요한 것은 조정과 선택이다. 이미 꽉 차 있는 시간표의 틈을 헤치고 새로운 활동을 끼워 넣는 것이 아니다.

예를 들어, 당신이 현재 매일 성경 읽고 기도하는 시간을 갖고 있지 않다면 자명종이 울리는 시간을 15분 내지 20분 앞당겨 설정하도록 하라. 일어나기 힘들다면 좀더 일찍 자도록 계획하라. 당신은 저녁 시간에 너무 많은 일을 하고 있는 것인지도 모른다. 그렇다면 무리 없이 빠져 나올 기회가 생기는 대로 한두 가지 활동은 그만두라. 이렇게 해서 얻어진 시간은 하루의 활동을 되돌아보는 시간으로 사용할 수 있을 것이다.

이제 당신은 시간을 충분히 할애하고 있지 못한 또 다른 중요한 일에 대해서도 이런 식의 절차를 밟고 싶을 것이다. 그러나 처음 한두 가지가 완전히 끝날 때까지는 다른 일을 추가하지 않도록 하라.

하나씩 작은 성공을 거두게 되면 이 과정을 계속하고자 하는 용기를 얻게 될 것이다. 또 주간 계획표를 채워 넣으면서 매주 긴급한 일에 대비한 시간을 남겨 두라. 돈과 마찬가지로 시간도 예기치 못한 일을 위해 비축해 두어야 한다.

시계에 맞추어 사는 삶

이제 새로운 계획을 실행하기 전에, 비난을 한 몸에 받고 있는 시계에 대한 오해를 풀어야 한다. 우리가 알고 있는 형태의 시계는 13세기에 발명되어 공공건물에 처음 설치되었던 것 같다. 그 이전에는 수도원의 종소리가 기상 시간, 일을 시작하고 마치는 시간, 식사 시간, 기도 시간, 예배 시간 등을 알려 주곤 했다. 당시의 시계는 시침만 있었고 별로 정확하지 않았다.

르네상스와 종교개혁 시대에는 시계가 몇 가지 용도로 사용되기 시작했다. 새로운 과학에서 시계는 매우 중요한 물건이었다. 또 부유층의 가정에도 아름다운 장식물로 등장하기 시작했다. 시계는 믿을 만한 도구라기보다는 그들의 지위를 상징하는 예술적인 가치를 지닌 물건이었다.

18세기에는 상거래, 특히 점점 번창하고 있는 국제 무역에서의 항해를 위해 정확한 시계가 꼭 필요해졌다. 더 많은 상인들이 시계를 샀고, 1800년에 이르러서는 전문직과 상업에 종사하는 사람들이 흔히 회중시계를 갖고 다녔다. 최초의 손목시계는 1865년 스위스에서 만들어졌는데, 그로부터 십 년이 채 지나지 않아 미국 공장에서 대량으로 생산하게 되었다.

19세기에는 시계의 역할에 엄청난 변화가 있었고, 이는 사회에 일대 혁명을 일으켰다. 처음에는 시계가, 단지 일출과 일몰에 따라 이루어지는 일상생활의 자연적인 리듬을 좀더 원활하게 해주는 정도였다. 그러나 이제 산업 혁명이 시작되면서 시계는 개인의 생활을 통제하고 대규모 사회 집단을 조정하기 시작했다.

시간을 좀더 잘 지킬 수 있게 해주는 도구들은 처음부터 환영받기도 하고 배척당하기도 했다. 어떤 사회학자들은 시계가 인간의 삶을 통제하는, 현대 생활에서 다른 어떤 기계보다도 강력한 폭군적 요소를 지니고 있다고 비난한다.

우리의 일상생활을 보면 이런 판단은 옳은 것 같다. 매일 아침 자명종은 시끄러운 소리를 내며 우리를 깨운다. 어떻게 보면 시계는 옷 입고 아침 식사하는 때부터 출근, 일, 저녁 활동 그리고 잠자리에 들기까지 우리를 감시하고 있다. 시계는 끊임없이 우리가 예정보다 늦었다는 것을 말해 준다.

그러나 대부분의 비판은 시계의 역할과 시간의 의미에 대한 오해에서 비롯되었다. 우리는 시간이 단지 활동이나 움직임, 변화의 척도라는 것을 살펴보았다. 시계는 단지 시간의 '경과'나 '흐름'을 알려 줄 뿐이다. 시계도 시간도 어떤 좋은 일이나 나쁜 일을 하는 것이 아니다. 시계는 다만 우리가 선택한 활동을 추적하고 있을 뿐이다.

이런 점에서 시계와 온도계는 비슷한 부분이 있다. 온도계는 온도만 측정할 뿐이지 그것 자체가 좋거나 나쁜 것이 아니다. 그것은 오히려 온도계로 측정하고자 하는 내용에 달려 있다. 예를 들어, 섭씨 40도의 온도는 사람 몸에서는 질병의 징조라는 나쁜 소식이지만, 실험실에서는 화학 반응이 잘 일어나고 있다는 좋은 소식일 수 있다.

고대 그리스에서는 나쁜 소식을 가져오는 사람을 죽이는 관습이 있었다. 시계가 나쁜 소식을 전해 준다고 해서 시계를 비난하는 것은 이와 다를 바가 없다(아직 「늘 온도계에 짓눌리는 삶」이라는 책은 없지 않은가?).

사실 달력과 시계는 의미 있는 인생을 살기 위한 좋은 도구가 될 수 있다. 달력은 어떤 일을 완성하는 데 필요한 시간을 추정하여 미리 계획하고 앞날을 내다볼 수 있게 해준다. 시계는 실제로 사용되는 시간을 측정해서, 필요하다면 시간표를 조정할 수 있도록 지침을 준다. 이런 도구들을 지혜롭게 잘 사용하면, 긴급하지만 그다지 중요하지 않은 일로 가득 차 계획한 일을 정작 하지 못하게 되는 것을 방지할 수 있다.

달력은 우리가 뛰고 있는 경기장의 경계를 정해 주고 공을 골문으로 몰고 갈 수 있도록 북돋아 준다. 시계는 활동을 감시하고 시간이 '다 되는' 때를 경고해 준다. 게임의 법칙 안에서 우리는 마음껏 기술을 발휘하고 목표를 이룬다.

다른 도구나 기술과 마찬가지로, 달력과 시계도 오용될 수 있다. 우리에게서 시간을 빼앗아 자신의 유익을 위한 활동을 강요하는 사람들에 의해 폭군처럼 사용될 수도 있다. 반면에 **예수 그리스도의 주되심 아래 시계에 맞추어 사는 삶은 그분의 뜻을 이룰 수 있는 자유를 준다.**

그래도 중요한 질문 하나가 남아 있다. 우리는 어떻게 하면 다른 길로 빠지거나 잠식당하지 않으면서 우리의 헌신을 이루는 계획을 지켜갈 수 있을까?

묵상과 토론을 위한 질문

1. 당신의 일상생활 중 '시계에 따른' 시간이라기보다는 '특별한 사건적인' 시간이라고 말할 수 있는 활동에는 어떤 것이 있습니까?

2. 사람과 사물에 대한 이 책의 관점을 읽고 나서, 당신이 새롭게 깨달은 것이 있다면 말해 보십시오.

3. 당신이 높은 우선순위를 두고 중요하게 여기는 활동은 무엇입니까? 그 일을 위해 어떻게 시간을 확보할 수 있을지 생각해 보십시오.

4. 작은 변화가 중요합니다. 지금 실행할 수 있는 작은 일 한두 가지를 말해 보십시오.

단순성, 단순성, 단순성이다!
내가 말하노니 두세 개 정도의 일만 하라.
절대로 당신의 일거리가 백 개, 천 개가 되게 하지 말라.
더욱이 수백만 개가 되지 않도록 하고,
당신이 하는 일이 늘 다섯 손가락 안에 있게끔 하라.

헨리 데이빗 소로우 Henry David Thoreau

7

4단계:
계획을 실행하라

계획을 실천하기 위해서는 긴급한 요청과
내면의 충동을 어떻게 다루어야 하는가?

어느 월요일 저녁, 자넷은 식사를 마치고 저녁 뉴스를 보고 있었다. 그때 전화벨이 울렸다. 귀에 익은 목소리가 긴급한 도움을 요청해 왔다. "혹시 수요일 저녁에 청년부 모임을 인도해 줄 수 있나요? 제가 회사 일로 갑자기 출장을 가게 되었는데, 모임을 대신 인도해 줄 사람이 필요해요." 그 간절한 목소리는 이 모임이 얼마나 중요하며, 자넷이 이 모임을 인도하기에 얼마나 적합한 사람인지 말해 주고 있었다.

자넷은 이 요청을 어떻게 처리해야 할지 망설였다. 그녀는 이미 이번 주의 계획을 잡아 놓은 상태였다. 모든 계획이 중요했지만, 특히 수요일 저녁 계획은 더욱 중요했다. 급한 일이 아니어서 여러 차례 미루고 있던 일인데, 그날 저녁에는 새로운 직업을 갖는 것에 대해 연구하고 검토해 보기로 한 것이다. 하지만 청년부 모임도 중요하다. 그녀는 "어떻게 하면 바른 결정을 내릴 수 있을까?" 궁금했다.

4단계: 계획을 실행하라

아무리 잘 세운 계획이라도 그것을 실행하려는 단호한 결심이 없으면 아무 소용이 없다. 매일 아침 그날 하루의 일정을 생각하면서 주님에 대한 헌신을 재점검하라. 그리고 나서 일정대로 하나씩 해 나가라. 당신이 각각의 일에 실제로 사용하는 시간을 잘 계산해 보라. 만일 당신이 어떤 일을 과소평가하는 경향이 있다면 이를 다음 계획에 반영할 수 있을 것이다.

당신의 시간을 빼앗는 급한 요구가 있을 때 이에 대처하기 위해 지혜를 간구하라. 이때 당신의 계획이 변경될 수도 있다는 점을 염두에 두라. 혹은 그 요청을 거부하는 것이 좋을 수도 있다. 먼저 제안받은 일의 긴급성(시점을 맞추는 문제)과 그것의 중요성(가치의 문제)을 평가하라.

긴급한 도움을 요청하는 전화라 하더라도, 그 일이 전화를 건 사람에게 그렇게 중요한 일이 아닐 수 있다. 나중에 보니 늑대의 탈을 쓴 양일 수도 있다! 혹은 자넷의 경우처럼 정말 중요한 일일 수도 있다. 이런 경우에는 결정을 내리기가 더욱 힘들다. 전화의 횡포에서 탈출하기 위해서는 다음과 같은 단계를 밟아야 한다.

1. 즉각 답을 해야 한다는 부담감을 갖지 말라 전화를 한 사람에게 당신의 일정을 점검해 보고 그 가능성에 대해 기도할 시간이 필요하다고 말함으로써 전화의 횡포를 피하라. 이 경우, 당신은 30분 내로 다시 전화하겠다고 말할 수 있다. 바로 그 순간의 다급함을 잘 버텨 낸다면, 그 일이 당신을 향한 하나님의 뜻인지를 분별하고 그 일에 따르는 대가를 알게 될 것이다.

2. 당신의 달력과 계획표를 점검하라 만일 예기치 않았던 이 일을 수락한다면 이미 계획된 다른 일 중에 어떤 일을 취소하거나 줄여야 하는가? 하나님은 당신이 그 부탁을 받아들이기를 원하실지도 모른다. 그러나 당신이 먼저 그 대가를 알기 원하신다. 자넷은 자신이 그 동안 미루어 왔던, 새로운 직업을 평가하는 일의 중요성을 점검해 보아야 한다. 그 일은 다른 사람이 인도

할 수도 있는 청년부 모임 이후의 미래에 영향을 끼치는 것이다.

3. 다시 전화하라 당신이 거절하기로 결정했다면 선약 때문에 그 제안을 받아들일 수 없다고 말하되, 구구절절 변명하지 말고 단지 상대방의 처지를 이해하고 있다는 것을 보여 주기만 하면 된다. 당신의 결정을 합리화하기 위해 그 선약이 무엇인지 자세히 설명하거나 옹호할 필요는 없다. 중요한 요청을 들어주지 못하는 것에 대해 미안한 마음이 들 수는 있지만 죄책감을 느낄 필요는 없다.

그리고 그 모임이 끝난 후 전화한 사람에게 "모임은 어떻게 되었어요?"라고 물어볼 수 있다. 그러면 대개 "괜찮았어요. 다른 사람이 아주 잘 해주었거든요!"라는 말을 듣게 될 것이다. 이런 경험은 우리를 얼마나 겸손하게 하는지 모른다. 수년 동안 나는 "아주 안 좋았어요. 형제님이 오시지 않아서 그 모임이 취소되었거든요"라는 소리를 들어 본 적이 없다.

긴급한 일의
유혹을 물리치라

자넷의 경우처럼 긴급한 요청을 거절하는 일은 결코 쉽지 않다. 그러나 다음과 같은 매우 중요한 진리를 기억한다면, 은혜롭게 그리고 확신을 가지고 거절할 수 있다. 즉, **당신은 '안 돼요'라고 말할 때까지만 꼭 필요한 사람이다**('안 돼요'라고 말하고 나면 필요 없는 사람이 된다는 뜻—역주).

요즘 "'안 돼요'라고 말하세요!"라는 슬로건은 사회를 위협하고 있는 마약 중독에 대한 대책으로서, '정치적으로만 옳은' 해결책이 되었다. 이 슬로건은, "우리에게 약물 남용, 십대 임신, 폭력, 도박, 폭식의 문제가 있는가? 그 중독자에게 가서 무조건 '안 돼요'라고 말하라고 설득하라"는 식이다. 이것은 사회의 양심을 위로해 줄 수 있었는지는 몰라도 중독자들을 중독에서 벗어나게 하지는 못한다. 우선 그 질병의 본질을 이해해야 하기 때문이다.

균형 잡히고 효과적인 삶을 위협하는 가장 음흉한 적은 바로 긴급성이라는 요소다. 이것은 마치 불과 같이, 충성스러운 종이 될 수도 있고 악랄한 주인이 될 수도 있다. 긴급성은 경찰서로 거는 전화나 병원으로 가는 구급차, 공습 위협에 대한 경고 등 생사의 위기에서 종종 필요한 것이다.

그러나 긴급성이 중요성으로 위장될 수도 있다. 따라서 우리는 즉각적인 도움이 필요하다며 압력을 가하는 전화에 속기 쉽다. 급한 일이 전혀 쓸데없는 일인 경우는 드물다. 나름대로 상당한 가치를 지닌 일인 경우가 많다. 그러나 그보다 더 중요한 일이 긴급한 일들로 계속 대체될 때, 그것은 우리를 억압하는 폭군이 되어 버리고 만다.

긴급성, 다시 말해 '습관적 혹은 강박적으로 행동하는 것'은 중독일 수 있다는 견해가 있다. 실제로 긴급성에는 짧은 시간에 어떤 필요를 채웠다는 성취감을 갖게 하여 자존감을 강화시키는 중독적인 요소가 있지만, 그것은 진정으로 해결하고자 했던 문제를 오히려 확대시키기도 한다.

이런 상황에서 사람들은 하루의 계획표를 밀쳐 두고, 중요하지도 않은 긴급한 일들을 쫓아다닌다. 사회 전체적으로나 개인적으로 이런 습관을 조장하는 요소들이 있다.

바쁘게 쫓아다니는 사람들은 사회적인 지위를 얻는다. 사람들은 우리가 바쁘기를, 심지어 과로하기를 기대한다. 자신의 일을 제쳐 두고 다른 사람의 일정에 신경을 쓰거나 어려움에 처한 사람을 도와주면, 인정을 받을 뿐 아니라 인기 있는 사람이 된다. 그런 활동은 일종의 안정감을 준다.

도움을 구하는 급한 요청에 '안 돼요'라고 대답하지 못하게 하는 또 다른 요인은, 그리스도인으로서 선한 사마리아인이 되어야 한다는 의무감이다. 그러나 **아무리 급한 요청이라 하더라도 반드시 응해야 하는 것이 아님을 알아야 한다.** 그 요청은 열차의 신호 명령, 즉 '멈춰서 주위를 살피고 들어 보라'는 명령에 순종하라는 것일 수 있다. 그리고 필요하다면 계획을 바꿀 수도 있다. 그러나 우리를 행동하게 만드는 부르심은 우리의 한계를 아시는 하나님께로부터 와야 한다(시 103:13-14).

한 개인의 '생산성 패턴'에서 근본적인 요소는, 특정한 종류의 일을 함으로써 얻어지는 만족감이다. 여러 가지 형태의 만족감이 있겠지만 그중 몇 가지만 열거해 보자.

- 기계나 기구를 작동시키거나 더 효과 있게 한다: 고장 난 물건이나 좀더 손질이 필요한 것을 고치기를 좋아한다.
- 어떤 도전이나 시험을 통과한다: 어려운 일을 수행하는 것과 문제를 해결하며, 마감 시간을 맞추는 것을 좋아한다.
- 다른 사람의 기대를 만족시키며, 인간적인 필요를 채워 준다: 명령을 수행하는 것과 궁지에 처한 사람을 도와주는 것을 좋아한다.
- 다른 사람의 행동에 영향을 미치고 그 반응을 얻는다: 활동에 영향을 미치고, 그에 대한 반응과 협동을 이끌어내는 것을 좋아한다.

한 개인의 기본적인 만족감 자체는 선도 악도 아니며, 다만 하나님이 그분의 영광을 위해 은혜로 주신 선물이다. 하지만 우리는 그리스도의 주되심 안에서 만족감을 얻어야 한다. 당신의 성격이 앞에서 예시한 것들 중 하나에 속한다면 조심하라. 자신이 긴급한 요청에 잘 끌리고, '안 돼요'라고 말하기를 힘들어하는 사람임을 미리 알고 있으라. 자신의 고유한 성격과 행동 방식을 잘 이해한다면, 현재 책임을 맡고 있는 일들에서 빗나가 당장 호감이 가는 일에 이끌리는 것을 지양할 수 있다 (앞으로는 어떤 긴급한 요구가 이런 범주에 들어가는지 생각해 보고, 그 상관관계를 잘 살펴보라).

다음에 나오는 '잘 거절하는 방법'을 기억하여 사용한다면 도움이 될 것이다.

1. 아무리 간절한 요청이라 하더라도 그 자리에서 '예'라고 대답하지 말고, 기도하고 달력을 살펴본 후 대답하는 것을 원칙으로 삼으라.

2. 필요한 경우 당신의 우선순위를 검토하기 위해 전화를 가려 받을 수도 있다.

3. 당신이 요청받은 그 일을 즐겁게 할 수 있는 다른 사람을 추천해 주라.

4. 당신이 승낙할 수 있는 요청의 한계를 정해 놓고 그 이상을 요구하는 압력을 받을 경우("우리는 기왕 자매님이 아이들을 수양회에 데려다 주는 김에 저녁까지 준비한다고 해서 문제될 것이 없다고 생각했습

니다")에도 이 한계를 지키라.

5. 당신의 시간과 에너지를 잘 분배하라. 만일 이번 가을부터 성경 공부를 인도하기로 했다고 하자. 성경 공부를 준비하는 데 두 시간, 함께 토론하고 이야기를 나누는 데 두 시간이 든다면 당신은 노숙자 보호소에서 봉사하는 일에 자원해서는 안 된다. 성경 공부가 끝난 후 그 일을 하라.

6. 당신의 은사를 활용하라. 당신은 교회 재정 위원회에서 일해 달라는 요청을 받으면서 동시에 새신자 위원회 일을 맡아 달라는 부탁을 받을지도 모른다. 그러나 당신은 이 두 가지 일을 모두 할 여유가 없다. 이럴 경우 당신이 더 잘 할 수 있는 일을 선택하고 다른 것은 거절하라.

7. 하나님이 당신에게 명령하신 일이 아니어서 그 일을 거절한 경우, 거절한 것에 대해 죄책감을 느낄 필요가 없음을 마음에 확실히 해 두라.

긴급함 자체가 문제는 아니다. 때로는 긴급함이 중요한 일을 더 신속하게 처리하도록 하는 자극제가 되기도 한다. 문제는 긴급함이 일 처리의 지배적인 요소가 되는 경우다. 그때 위험 신호가 켜지는 것이다.

충동적인 소비

지금까지 우리는 다른 사람들이 가지고 오는 긴급한 요구에 대처하는 법을 다루었다. 계획표에 대한 또 다른 종류의 압박은 우리의 내면, 즉 우리 자신의 욕구에서 온다. 계획표를 옆으로 치워 버리고 싶은 충동이 생길 때 어떤 현상이 일어나는가? 재물 사용 문제와 대비해 본다면 더욱 분명해질 것이다.

오늘날 대부분의 상점에서는 여러 종류의 신용 카드를 받고 있다. 그렇기 때문에 쇼핑은 여행 비자를 한번 꺼내 보여 주는 것만큼이나 간단하다. 카드 회사 입장에서는 당신이 물품 목록에 적어 둔 필수품을 사든 충동구매를 하든 아무 상관이 없다. 그러나 월말이 되면 결제를 해야 한다. 당신은 계획했던 것보다 훨씬 더 많은 지출 내역이 적힌 청구서를 받게 될지도 모른다. 대금 전체를 상환하지 않는 경우, 나머지 잔액에는 높은 이자가 부과되기 시작한다(미국의 신용 카드는 규정된 최소한의 금액만 상환하면 나머지는 이자를 물어 가며 결제를 연장할 수 있다-역주). 세상에 공짜는 없다. 자꾸만 늘어 가는 지출에서 탈출하는 유일한 방법은, 허리띠를 졸라매고 더 이상 부채를 늘리지 말고 갚아 나가는 것이다. 이렇게 하다 보면 꼭 필요한 것마저도 구매를 연기하거나 취소해야 하는 경우가 자주 있다.

시간도 돈처럼 쉽게 '충동 소비'를 할 수 있다. 우리 중에는 충동구매 욕구를 눌리질 수 있는 사람들이 있을 것이다. 그러나 시간을 조심스럽게 사용하는 사람은 별로 없다. 우리는 필요라는 가면을 쓴 개인적 욕구의 충동에 항복하여 많은 시간을 소비한다. 그러다가 중요한 일을 마무리하지 못하게 되면 시간이 쏜살같이 흐른다고 불평한다.

계획표에 없던 재미있는 TV 프로그램을 보다가, 친구와 장시간 전화 통화를 하다가, 잡지를 너무 오래 읽다가 시간을 낭비하기 쉽다. 그 활동이 무엇이든 간에 이런 일들은 당신이 해야 할 중요한 일들로부터 에너지를 분산시키는 충동적인 것일 수 있으므로, 계획표에 적어 넣든지 아니면 하지 말고 넘어가야 한다.

가끔 계획에서 벗어나는 것은 그다지 치명적이라고 할 수 없다. 가끔 그렇게 하는 것은, 오히려 긴급함의 횡포에서 벗어나는 것이 곧 **계획표의 횡포**에 사로잡히는 것은 아니라는 분명한 증거가 되기도 한다. 그럼에도 불구하고 우리의 결정과 활동을 있는 그대로 인정하면서, 필요하다면 중간에 수정할 수 있도록 해야 한다.

좋든 싫든 우리는 시계에 맞추어 죽고 사는 사회에 살고 있다. 시계를 거꾸로 돌릴 수도 없고, 그렇다고 버릴 수도 없다.

복잡한 문화 속에서 달력은 업무뿐 아니라 관계를 위해서도 꼭 필요하다. 그러니 우리의 잠재력을 최대화하기 위해 시계와 달력을 잘 활용하도록 하자.

계획 평가와 수정

듀퐁DuPont사의 전 사장인 그린월드Greenwald 씨는 '계획 단계에서 1분을 투자하면 실행 단계에서 몇 배의 시간을 절약할 수 있다'는 원칙을 지키던 사람이다. 의사 결정 자체가 긴장을 유발시키는 것은 아니다. 긴장이 유발되는 이유는, 즉각적인 행동을 요구하는 상황의 압박 속에서 의사를 결정하려 하기 때문이다. 우리가 해야 할 일만 다 하고 나면 그런 상황은 줄어들 뿐 아니라 별로 스트레스가 되지 않는다.

우선순위 설정, 시간 사용 현황 조사, 계획표 작성과 그 실행은 마지막 단계가 다시 첫 단계의 피드백이 된다. 상황에 변화가 생기면 우선순위를 주기적으로 검토하여 실행 단계를 수정할 수도 있다.

일주일에 한 시간을 따로 떼어서 평가하는 시간을 갖는다면 큰 도움이 될 것이다. 지난 일에 대한 소견을 메모하고, 하나님이 당신에게 알려 주신 교훈들을 기록하며, 다음 일주일의 계획을 검토해 보라. 처음에 계획했던 것과 실제 시간 사용은 얼마나 일치하는가? 일주일 동안의 시간 사용 내역을 기록하는 훈련을 계속하라. 가장 최근의 시간 사용 내역은, 하나님이 당신에게 원하시는 모습과 얼마나 일치하고 있는가?

또 매달 몇 시간씩은 따로 떼어 놓아 장기적인 평가와 계획을 위한 시간을 갖되 기도하는 시간을 포함하도록 하라. 역설적이지만, 바쁠수록 이런 시간이 더 필요하면서도 이런 시간을 계획할 능력은 오히려 부족해진다.

기도하는 가운데 하나님을 기다리는 것은 효과적인 섬김을 위해 필수적이다. 이 가운데서 하나님, 우리 자신 그리고 하나님이 우리에게 원하시는 일에 대한 진리를 깨닫게 된다. 너무 바쁘기 때문에 가만히 멈추어 영적 상태를 점검하고 하나님의 지시를 받을 수 없는 그리스도인들을 생산적이라고 말할 수도 있을 것이다. 우리는 자신이나 다른 사람에게 중요한 것처럼 보이는 일을 성취하기 위해 밤낮으로 일할 수도 있다. 그러나 그렇게 하면 하나님이 예비하신 일을 완수할 수 없다.

시간 예산을 편성하고자 하는 결심이 약화되면, 용기를 내어 재조직하고 전체적인 전략을 가지고 앞으로 나아가라. 야고보는 "여러분 가운데 누구든지 지혜가 부족하거든, 아낌없이 주시고 나무라지 않으시는 하나님께 구하십시오. 그러면 받을 것입니다"(약 1:5)라고 말한다. 하나님은 우리 각자에게 독특한 능력과 기회를 주셨다. 그런 그분이 우리의 시간을 그분의 영광을 위해 효과적으로 사용할 수 있는 능력과 통찰력을 주시지 않겠는가?

우리가 오늘, 이 시간, 이 자리에서 하늘에 계신 아버지의 뜻을 행하고 있음을 깨닫는 것보다 더 소중한 일은 없다. 그럴 때에만 우리 주님이 십자가에 달리시기 전날 밤 그러하셨던 것처럼, 많은 일이 남아 있음에도 불구하고 "나는 아버지께서 내게 하라고 맡기신 일을 완성하여, 땅에서 아버지께 영광을 돌렸습니다"(요 17:4)라고 말할 수 있게 될 것이다. 그때 우리는 주님을 뵙고 그분이 이렇게 말씀하시는 것을 듣게 될 것이다. "착하고 신실한 종아, 잘했다!"(마 25:21)

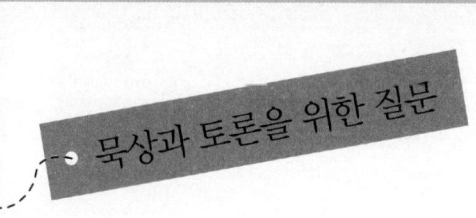

1. 삶의 여러 영역 중에서 긴급함에 중독되어 있는 듯한 영역은 어디입니까? 그렇게 생각하는 이유는 무엇입니까?

2. 당신은 당신이 정말 즐기는 몇몇 일들 속에서 '기본적인 만족감' (성취감)을 얻고 있습니까? 예를 들면 어떤 것들인지 적어 보십시오.

3. 당신의 경우, 계획되지 않은 일에 시간을 '충동적으로 소비'하려는 경향은 어느 정도입니까?

4. 이번 주 안에 당신의 현재 계획표와 미래의 계획을 평가할 시간을 가질 수 있겠습니까? 언제 할 것인지 정해 보십시오.

- ⑧ 부르심에 따른 의사 결정
- ⑨ 하나님과의 작전 타임
- ⑩ 하나님의 말씀을 듣는 법
- ⑪ 성경 말씀으로 기도하는 법
- ⑫ 진정한 안식일
- ⑬ 지금 이 순간에 충실한 삶

2부

하나님의 인도를 따르라

FREEDOM
FROM
TYRANNY OF

우리 주 예수 그리스도시여,
우리가 길이 되신 당신에게서 벗어나지 않으며,
진리이신 당신을 불신하지 않고,
생명이신 당신 이외의 다른 것에 안식하지 않도록
도와주시기를 기도합니다.
성령을 통해 무엇을 믿어야 하며, 무엇을 행해야 하고,
어디에 안식해야 할지를 가르쳐 주소서.

에라스무스 Desiderius Erasmus

8
부르심에 따른 의사 결정

중요한 결정의 순간뿐 아니라
매일매일 주되심을 인정하며 예수님의 제자로
살기 위해서는 어떻게 해야 하는가?

 할 일은 너무 많고 시간은 부족할 때, 혹은 인생에서 어떤 중요한 결정을 내려야 할 때, 우리는 하나님이 그 길을 보여 주시기를 원한다. 그리고 "어떻게 하면 하나님의 인도를 받을 수 있을까?" 하고 자문한다.

한 설교자는 "답은 간단합니다"라고 말했다. "밤에 선장이 어떻게 모래톱 사이로 배를 안전하게 이끌어 가는지 아십니까? 배를 부두로 안내해 주는 세 개의 부표에는 각각 등(燈)이 달려 있는데, 선장은 뱃머리가 이 등과 일직선이 되게 해서 앞으로

나아간답니다. 마찬가지로 하나님은 성경, 주변 환경 그리고 그리스도인 친구들을 통해 인도하십니다. 이 세 가지 요소가 일치되었을 때 행동 방향은 분명해지지요."

또 다른 질문이 이 공식에 의문을 제기하기까지 이는 매우 쉬운 것처럼 보인다. 그러나 그 부표가 짙은 안개에 싸인 경우에는 어떡해야 하는가? 그 세 가지 요소가 보이지 않을 때는 어떻게 해야 하느냐 말이다.

나는 두 아들과 매사추세츠 남부 해안을 항해하다가 그런 안개를 만난 적이 있다. 그 전에도 우리는 여러 해 동안 작은 객실이 딸린 약 7미터짜리 외돛배를 타고 로드 아일랜드Rhode Island의 내러갠섯 만Narragansett Bay을 항해하곤 했었다. 그때마다 갖가지 기상 조건을 겪었다. 안개를 만났을 때는 우리가 마서즈비니어드Martha's Vineyard라는 섬으로 좀더 긴 항해를 하려던 참이었다.

처음 며칠은 남서쪽에서 잔잔하게 바람이 불어왔고 날씨도 좋았다. 그런데 작은 선박들은 로드 아일랜드로 돌아가라는 경고가 들려왔다. 오전까지만 해도 쥐죽은 듯 바람이 고요했는데, 이것이 폭풍 전의 고요함이었단 말인가? 우리는 돛을 내리고 모터를 작동시켰다. 해질녘까지는 커티헝크 항구Cuttyhunk Harbor에 있는 대피소에 도착해야 했다.

엘리자베스 군도Elizabeth Islands의 남쪽 해안을 따라 이동하면서, 우리는 무사히 해안에서 수백 피트 떨어진 곳까지 올 수 있었다. 저녁이 되면서 오렌지 빛으로 바뀐 태양은 점점 더 짙어지는 아지랑이 속 수평선으로 가라앉고 있었다. 그러고는 아무런 예고도 없이 아주 지고 말았다. 뱃머리 오른쪽으로 높은 낭떠러지가 겨우 보였다. 아지랑이가 안개로 바뀌어 가면서 편치 않았던 내 마음은 점차 두려움으로 바뀌었다. 갑자기 수의(壽衣)에 싸인 섬들과 난파된 배에 관한 이야기들이 생각났다.

안개가 짙어질수록 우리는 섬 가까이로 항해했다. 다행히 물은 바닷가까지도 깊은 편이었다. 그러나 섬의 서쪽 끝에는 좁은 해협 한 쪽으로 작은 암초가 돌출해 있었다. 그 지점에서 우리는 뭍에서 떨어져 항해해야 했는데, 그렇게 되면 시야를 잃게 될 것이었다. 가시거리가 1미터도 되지 않는 상황에서, 그 해협으로 들어가는 길을 알리는 첫 번째 부표를 본다는 것은 거의 불가능했다.

이내 우리는 흰 물결을 보았고 방향을 잡을 수 없는 짙은 안개 속에서 속도를 늦추었다. 안전한 길로 인도해 달라는 기도를 드리던 중 우리는 갑자기 뱃머리 앞쪽에서 이상한 검은 물체가 가로질러 가는 것을 보았다. 그것은 우리가 볼 수 없었던 해로를 따라 항해하고 있던 바닷가재잡이 배의 몸체였다. 그 배의 키를 잡은 이는 온갖 기상 조건 아래서 이 바다를 생업의 터전으로 삼고 있는 사람이었다. 그는 자기가 어디로 가고 있는지 정확히 알고 있었다.

나는 배를 그 방향으로 돌려 그를 좇아갔다. 작은 바닷가재 잡이 배가 그렇게 멋있어 보인 적은 없었다. 점차 어두워지는 가운데서도 우리는 그 사람이 좁은 해협 입구에 있는 첫 번째 부표를 지나는 것만은 볼 수 있었다. 바위 사이를 안전하게 지나 칠흑 같은 항구로 들어서서야 다른 배 두 척이 겨우 보였다. 자정쯤 되자 시속 40노트의 강풍이 돛 위에서 윙윙거렸다. 우리는 방향을 잃고 위기에 처해 있을 때 바닷가재잡이 배를 통해 인도하신 하나님께 감사드렸다.

그 다음날은 상쾌하고 잔잔한 바람이 부는 화창한 날씨였다. 우리는 로드 아일랜드로 돌아가는 멋진 항해를 기대했다. 배를 타고 항구를 떠나면서 나는 고물 쪽에서 그 좁은 해협을 바라보았다. 보이기만 한다면 아주 쓸모 있는 안내자인데! 부표 세 개가 태양 빛을 받으며 떠 있었다.

그때를 돌이켜보면서, 나는 안개가 하나님의 인도하심에 대한 실제적인 비유였음을 깨달았다. 통상적인 방법에 의한 항해가 불가능해졌을 때 하나님은 방향을 제시하셨다. 그 방향은 어떤 공식이나 계획을 통해서가 아니라 그 길을 잘 알고 있어 따라가기만 하면 되는 그런 사람을 통해서였다.

그럼에도 우리는 이렇게 질문한다. "내 인생을 향한 하나님의 뜻을 어떻게 알 수 있을까? 내가 결정해야만 하는 진로, 취업, 결혼 등의 중요한 문제에 대해서는 어떻게 할 것인가?" 삶의 혼란을 피하기 위해 우선 모든 그리스도인을 향한 하나님의 뜻을 설명하는 성경부터 살펴보자. 그리고 나서 우리가 안내 받을 수 있는 다른 여러 가지 방법을 살펴볼 것이다.

하나님의 뜻

성경은 하나님을 우주의 창조주와 운행자이실 뿐 아니라, 역사의 주인이자 심판자로 묘사하고 있다. 그분은 우리를 창조하신 목적을 달성하기 위해 인간사에 적극적으로 관여하신다.

'하나님의 뜻'은 신구약에 걸쳐 60회 가량 사용되고 있다. 이 어구는 무엇인가 일어나기를 원하시는 하나님의 뜻, 즉 개인이나 가족, 국가를 향한 그분의 계획을 함축하고 있다. 예를 들어, 주님은 "나라가 임하게 하시오며, 뜻이 하늘에서 이루어진 것 같이, 땅에서도 이루어지게 하시옵소서"(마 6:10)라고 기도한다.

그렇다면 **우리 인생을 향한 하나님의 뜻**이라는 말은 무슨 의미일까? 이는 주로 일종의 행동, 예를 들어, 직업, 친구 관계,

교회나 사회봉사 등에 관한 우리의 관심을 가리키는 경우가 많다. 그러나 그 대답은 좀더 넓은 맥락에서 이해되어야 한다. 이는 근본적으로 무엇을 할 것이냐의 문제라기보다, 어떤 사람이 될 것이냐에 관한 문제다.

우선 하나님은 "모든 사람이 다 구원을 얻고 진리를 알게 되기를"(딤전 2:4) 원하신다. 우리는 회개와 믿음을 통해 예수 그리스도를 주와 구주로 고백하고 그분의 새로운 다스림 아래 인생을 살아가게 된다.

둘째로, 사도 바울은 "여러분은, 어떻게 살아야 하며 어떻게 하나님을 기쁘시게 해야 할 것인지를, 우리에게 배운 대로 하고 있으니, 더욱 그렇게 하십시오.…하나님의 뜻은, 여러분이 성결하게 되는 것입니다"(살전 4:1, 3)라고 기록하고 있다. 그리스도인의 삶에서는 인격이 우선이다. 가장 중요한 것은 도덕적이고 윤리적인 삶이며, 그것은 성령의 열매로 증명된다. 이런 의미에서 하나님의 뜻은 모든 믿는 자에게 동일하다.

이런 삶의 핵심은 로마서 12:2에 나와 있다. "여러분은 이 시대의 풍조를 본받지 말고, 마음을 새롭게 함으로 변화를 받아서, 하나님의 선하시고 기뻐하시고 완전하신 뜻이 무엇인지를 분별하도록 하십시오."

우리는 이 사회의 가치관과 목표에 따라 살라는 압박을 이

겨내야 한다. 우리는 인생의 중요한 문제에 대해서만 하나님의 뜻을 구할 것이 아니라 매일의 삶에서 그분의 뜻을 발견해야 한다. 성경은 우리의 마음을 새롭게 하여 순종해야 할 명령과 주장해야 할 약속들, 버려야 할 죄를 알게 해준다. 우리는 아주 작은 선택에서도 하나님의 인도하심을 받아들이며, **날마다 성령의 능력으로 하나님의 뜻을 분별하고 그 뜻대로 살아간다.**

"나를 따르라"

우리 인생을 향한 하나님의 뜻을 묻는 일은, 우리에게 있을 수도 있고 없을 수도 있으나 어쨌든 알기 원하는 어떤 계획이나 청사진 같은 개념을 떠오르게 한다. 그것은 우리가 가고자 하는 곳을 찾아가는 방법을 보여 주는 지도와 같을 수도 있다. 장거리 운전이라면 저 믿음직한 AAA(미국 자동차 보험 회사의 하나로 장거리 여행 시 제공해 주는 지도와 여행 정보로 유명하다-역주)의 안내 지도가 가장 바람직한 길을 알려 줄 것이다. 거기에는 주요 도시 구간의 거리뿐 아니라 소요 시간도 표시되어 있다. 엔진이 고장 나거나 타이어가 펑크 나지만 않는다면 대략 몇 시쯤 도착할지를 단 몇 초 만에 계산해 낼 수 있다. 일단 지도만 입수하면 그 지도를 제공해 준 사람은 필요 없어진다.

그러나 제자도의 성경적 모델은 호수가 있는 숲에서 낚시를 하는 것과 같다. 노련한 안내자는 길만 겨우 보이고 물은 보이지도 않는 숲 속 길로 우리를 인도한다. 마침내 호숫가에 도착하고 안내자는 적합한 낚시 도구를 내려놓고 그 사용법을 가르쳐 준다. 드디어 우리는 고기를 잡는다! 하루해가 저물어 가면 안내자는 우리를 다시 인도한다. 처음부터 끝까지 안내자는 이 모험에 함께했다.

예수님은 처음으로 제자 네 명을 부르실 때 이런 낚시 모델을 사용하셨다. 그분은 갈릴리 바닷가를 거니시다가 시몬과 그의 형제 안드레가 그물을 던지는 것을 보셨다. 예수님은 이렇게 말씀하셨다. "나를 따라오너라. 내가 너희를 사람을 낚는 어부가 되게 하겠다"(막 1:17). 그들은 그물을 버려두고 즉시 그분을 따라갔다. 조금 후에 예수님은 야고보와 그의 형제 요한이 그물을 깁고 있는 것을 보셨다. 그분은 똑같이 초청을 하셨고, 이들 역시 그분을 따랐다.

예수님은 이내 다른 여덟 명의 제자를 더 부르셨는데, 그 제자들의 이름은 마태복음 10:2-4에 기록되어 있다. 이 열두 제자는 주님과 함께 지낸 후 하나님 나라를 전파하고 모든 질병을 치유하도록 세상으로 보냄을 받았다.

"나를 따르라"는 명령은 예수님의 가르침 중 가장 중심이 되는 명령이다. 그분은 이렇게 말씀하셨다. "누구든지 나를 따라오려거든, 자기를 부인하고 제 십자가를 지고 나를 따라오라"(마 16:24). 사람들은 이 말씀을 다음의 두 가지 의미로 종종 오해한다. 첫째, 부인(否認)이라는 말은 그리스도인들이 거쳐야 하는 어떤 행동이나 위치에 초점을 맞추고 있다는 생각이다. 이는 금욕이라는 부정적인 생활 방식을 암시함으로써 자칫 율법주의로 흐를 수 있다. 둘째, "제 십자가를 지고"라는 말을 어떤 특정한 질병이나 시련을 견뎌 내라는 의미로 생각하는 것이다. 그러나 이런 어려움들은 자발적으로 선택하는 것이 아니다. 타락한 세상에 사는 사람이라면 누구나 이런 일들로 괴로움을 당하기 마련이다.

실제로 제자도에 대한 예수님의 요구는 좀더 근본적인 것이다. "제 십자가를 지고"는 본질적으로 **인생에 대한 자신의 권리를 부인하라는 것**이다. 이 구절은 동일한 원칙을 두 가지 방법으로 표현하고 있다. 이는 자발적으로 내가 선택하는 삶의 방식이다. 이것은 예수님이 겟세마네 동산에서 드린 기도, 즉 "그러나 내 뜻대로 되게 하지 마시고, 아버지의 뜻대로 되게 하십시오"(눅 22:42)라는 기도와 함께 '나'를 지워 버리는 것이다. 이 원칙은 완벽을 요구하지 않는다. 예수님을 따른다는 것은,

어떤 순간이든 그 순간에 내가 **나 자신에 대해** 알고 있는 모든 것을 **그분에 대해** 알고 있는 모든 것에 양도한다는 의미다. 이것을 이해하면 관계의 두 측면 모두에서 성장이 있다.

의사 결정

주님을 따라가면 그분은 끊임없이 우리를 **통해** 일하실 뿐 아니라 우리 **안팎에서** 일하신다. 우리는 성령의 능력으로 말미암아 은혜 안에서, 성령의 열매 안에서 자라간다. 하나님은 때로 비정상적인 방법으로 상황을 만들어 가신다. 우리는 여러 가지 활동을 하면서 맞닥뜨리는 매일의 결정을 위해 지혜를 구한다. 그러나 특정한 순간 하나님의 인도하심을 받기 위해 기도할 때 그 인도하심이 실제로는 어떻게 오는지 궁금해한다. 지도나 공식, 혹은 어떤 절차도 없이 어떻게 의사 결정을 할 것인가? 그 결정은 상황과 관련된 필요나 기회나 어려움 등에 영향을 받을 수도 있다. 그러나 우리가 기대하건 하지 않건 궁극적인 인도의 방법은 주님으로부터 온다.

지난 수년 간 우리는 시간, 소유물, 돈, 관계, 활동에서 청지기다운 결정을 하려면, 삶의 모든 영역에서 그리스도의 주되심을 기꺼이 실천하고자 하는 마음이 있어야 함을 깨달았다.

우리가 먼저 하나님 나라와 섬김의 길을 구하면 하나님이 우리의 결정과 행동을 인도하시는 것에 감사할 수 있게 된다. 하나님은 당신의 백성에게 "네가 가야 할 길을 내가 너에게 지시하고 가르쳐 주마. 너를 눈여겨보며 너의 조언자가 되어 주겠다"(시 32:8)라고 선언하신다. 이 약속은 이사야를 통해서도 주어졌다. "나는 주, 네 하나님이다. 네게 유익하도록 너를 가르치며, 네가 마땅히 걸어야 할 길로 너를 인도하는 하나님이다"(사 48:17).

그러나 그것은 어떤 표준적인 절차나 공식에 의해 이루어지는 것이 아니라 우정을 통해 이루어진다. 예수님은 제자들에게 "나는 너희를 친구라고 불렀다"(요 15:15)라고 말씀하셨다. 하나님은 가끔 다른 길, 때로는 예기치 않은 길로 인도하신다. 하나님이 그렇게 하시지 않았다면 우리는 하나님의 인도를 비인격적인 체계라고 폄하했을 것이다.

때로 가정 문제나 직업상의 이유로 이사를 가야 하는 경우가 생길 수 있다. 이런 갑작스러운 상황에서는 믿을 만한 친구의 충고가 새로운 앞날을 열어 줄 수도 있다. 기도와 대화를 통해 우리가 고려하고 있는 행동의 긍정적인 측면과 부정적인 측면을 분별해 낼 수 있게 된다.

때로 우리에게 닥치는 매우 급하고 중요한 결정에 대해 특정한 성경 말씀이 분명하게 말해 주기도 한다. 예를 들어, 영생을 추구하던 한 젊은 부자 관원이 예수님께 왔던 것을 생각해 보라. 짧은 대화를 나눈 후 주님은 말씀하신다. "가서, 네가 가진 것을 다 팔아서, 가난한 사람들에게 주어라. 그리하면, 네가 하늘에서 보화를 차지하게 될 것이다. 그리고 와서, 나를 따라라." 그러나 그는 "이 말씀 때문에, 울상을 짓고, 근심하면서 떠나갔다. 그에게는 재산이 많았기 때문이다"(막 10:21-22).

그간 많은 그리스도인이 이 명령을 특정한 사람들을 향한 명령으로 이해해 왔다. 그렇지만 재산뿐 아니라 직업, 가족들과의 친밀함 등 정말로 소중하게 여기는 것들이 숨겨져 있는 경우가 있다. 우리는 제자의 길을 가는 데 방해가 되는 것에 대해 다시 평가해야만 한다. 주님이 "가서…팔아…주고…와서…나를 따르라"고 말씀하실 때 당신은 어떻게 반응하겠는가?

어떤 결정을 내려야 할 때 세 개의 부표가 깔끔하게 정렬되어 있지 않은 경우도 많을 것이다. 그러나 한 개만으로도 충분할 때가 있다. 성령은 당신 안에서, 당면한 일을 올바르게 결정할 수 있도록 도우실 것이다.

부활하신 주님

우리는 여러 가지 다른

방식의 인도를 경험해 가면서 점차 전체적인 그림을 깨닫게 된다. 처음에는 성경 읽기나 기도, 성령에 대한 열린 마음 등을 의사 결정을 위한 수단으로 생각해 왔다. 그러나 주님은 그 과정 자체를 하나의 목표, 즉 주님과 우리의 관계를 강화하기 위한 것으로 보신다. 실제로 이루어진 결정이 어떤 과정을 거쳐 이루어지든지 그것은 단지 부산물일 뿐이다.

예수님이 살아 계시지 않다면 우리는 그분을 정말로 '따를' 수 없다. 다른 종교의 지도자들도 나름대로의 '구원'에 이르는 교리를 가르쳐 왔다. 그들의 제자들은 스승의 가르침을 받아들이고 실천하지만, 관계라는 의미에서 본다면 그를 '따르는 자'가 될 수는 없다. 이미 죽은 사람을 따르려면 우리도 죽는 길밖에 다른 방법이 없지 않은가?

반면에 예수님은 제자들에게 "내가 곧 길이요 진리요 생명이다"(요 14:6)라고 말씀하신다. 그분은 산 자의 주님이 되기 위해 죽었다가 다시 살아나셨다. 진정한 의미에서 기독교란 우리가 알고 사랑하고 섬기는 그리스도를 말하는 것이다.

미국 기독학생회 초창기 모임 때, 영국 기독학생회에서 출간한 이반 홉킨스 H. A. Evan Hopkins의 작은 책자가 우리 학생들에게 많은 영향을 끼쳤다. 그 책의 제목인 「이제부터는」 Henceforth은 바울이 고린도 교회에 보낸 두 번째 편지에서 나온 말이다.

그런데 그리스도께서 모든 사람을 대신하여 죽으신 것은, 살아 있는 사람들이 **이제부터는** 자기들 스스로를 위하여 살지 않고, 자기들을 대신하여 죽으셨다가 살아나신 그를 위하여 살게 하려는 것입니다(고후 5:15).

"주저 없이, 후퇴 없이, 후회 없이"

특히 그중 한 장의 제목이 정곡을 찔렀다. "주저 없이, 후퇴 없이, 후회 없이." 저자는 주저 없이 "예수 그리스도는 주님이십니다"라고 고백하는 것이 실제로 어떤 의미인지 설명하고 있었다. 그는 예수님이 하신 경고의 말씀 "누구든지 손에 쟁기를 잡고 뒤를 돌아다보는 사람은 하나님의 나라에 합당하지 않다"(눅 9:62)에 대해 언급하고 있었다. 그는 '후회 없이'라는 말이 고백해야 할 죄나 잘못이 없다는 뜻은 아니라고 설명했다. 이는 부르심을 따르고자 하는 결단에는 실망이나 좌절이 없음을 뜻한다고 말했다.

"주저 없이, 후퇴 없이, 후회 없이." 나는 이보다 더 좋은 일생의 모토는 없다고 생각한다.

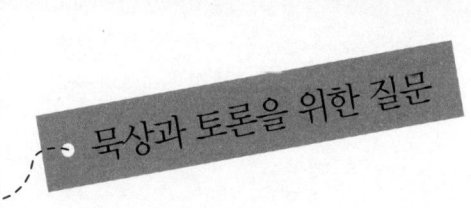

1. 어떤 기회나 위기 혹은 갈림길 등의 결정적인 순간에, 하나님은 어떻게 당신을 인도하셨습니까?

2. 삶의 여러 영역 중에서 당신이 "이 세상의 틀 속에 자신을 짜맞추려"하는 영역은 어디입니까?

3. 당신은 삶의 어떤 영역에서 "가서…팔아…주고…와서…따르라"는 부르심을 듣고 있습니까?

4. 당신의 삶에서 그리스도의 부활이 주는 중요성을 다른 사람에게 어떻게 설명하겠습니까?

나는 하나님의 약속을 머리가 아니라
마음속에 소중히 간직하고 있다.
하나님의 말씀은 우리 마음속 깊은 곳을 꿰뚫어야 한다.

디트리히 본회퍼 Dietrich Bonhoeffer

9
하나님과의 작전 타임

작전 타임이 중요한 이유는 무엇이며,
규칙적인 경건의 시간을 갖기 위해서는
어떻게 해야 하는가?

기나긴 농구 시즌이 마침내 챔피언 결정전에 이르렀다. 결승전을 벌이는 두 팀은 비슷한 승률을 기록하고 있는 경쟁 상대였다. 서로 앞서거니 뒤서거니 하더니, 5분을 남겨 두고 홈 팀이 흔들리기 시작하면서 세 골을 연달아 허용하고 말았다.

그때 갑자기 감독이 작전 타임을 요청했다. 호루라기 소리가 울리자 전광판의 시계가 멈추고 선수들은 벤치로 들어왔다. 감독은 팀의 힘을 모으기 위한 새로운 전략을 개략적으로 설명했다. 경기가 다시 시작되자 상대방 선수들은 새로운 작전에 말려들었고 마침내 동점을 만들었다. 홈 팀은 종료를 몇 초 앞두고 점프슛을 성공시켜 결국 챔피언이 되었다.

몇몇 단체 경기에서는 작전 타임을 허용하여, 선수들이 숨을 고르고 경기 전략을 평가하며 필요한 변화를 취할 수 있도록 하고 있다. 이 시간 동안 경기 시간을 측정하는 시계는 정지하기 때문에 경기 시간의 실제 손실은 없다. 작전 타임이 점수를 뒤집어 주는 것은 아니지만, 남은 시간 동안 그 팀의 능력과 힘을 어떻게 사용할지 결정할 수 있기 때문에 충분한 휴식 시간을 제공하고 있다.

작전 타임의 원리는 우리 인생에도 적용된다. 우리가 처한 상황은 한 가지를 제외하고는 운동 경기와 다를 바 없다. 그 예외는 바로, 인생이라는 경기에서는 계속해서 돌아가는 '시계를 멈출 수가 없다'는 것이다. 아우구스티누스가 말한 것처럼 "시간은 결코 휴식을 취하는 법이 없다." 그러나 개인적인 작전 타임을 가지는 것은 충분히 가치가 있다.

개인적인 작전 타임이란 무엇인가? 그것은 다른 어떤 활동으로부터 간섭받지 않고 우선순위와 실적을 재검토하여, 현재 하고 있는 일과 장래 계획 중인 일에 필요한 수정을 가하기 위해 따로 준비된 시간이다.

예수 그리스도를 주님으로 고백하는 그리스도인들에게 이 말은 특히 중요하다. 하나님 나라는 영토가 아니라 관계다. 하나님 나라는 일차적으로 삶 속에서 나타나는 하나님의 은혜로운 다스림이다. 그렇기 때문에 '경건의 시간'quiet time이라고 부르는 작전 타임은 하나님과의 관계를 증진시키는 것이 주목적이다.

2장에서는 예수님이 어떻게 하나님의 음성을 듣고, 선포해야 할 말씀과 감당해야 할 치료 사역을 잘 구분하며 사명을 완수했는지 살펴보았다. 이 일을 하기 위해 주님은 아버지와 단둘이 갖는 시간을 마련하셨다. 불편한 적도 많았고, 주무시지 못한 적도 많았으며, 다른 사람들의 오해도 받으셨다. 그러나 그분은 최우선 순위를 포기하지 않으셨다.

오늘날 우리는 대부분의 삶의 영역에서 더 속력을 내고 있다. 그러나 방향 감각과 목표 의식은 오히려 시들해지고 있다. 움직임 자체가 목표인 것처럼 여겨지며, 우리가 누구이며 어디로 가고 있는 것인가 하는 질문은 사라지고 있다. 프랑스 작가, 자끄 엘륄Jacques Ellul은 사람을 기계로 보는 견해가 팽배하고 있는 현실에 대해 우려를 나타내고 있다. 그는 이렇게 말한다. "우리가 어디로 가고 있는지 아무도 모른다. 인생의 목표도 잊어버렸다. 목적지에는 관심도 없다. 사람들은 엄청난 속도로

허공을 향해 질주하고 있다." 그러나 대부분의 사람은 가만히 있는 것과 미래를 직면해야 한다는 사실에 두려움을 느낀다. 그들은 활동을 더 좋아한다.

하나님을 섬기기에 바쁜 그리스도인들도 마찬가지다. 그들과 하나님의 관계는 우정이라기보다 그저 알고 지내는 정도이다. 우정이란 오랜 시간에 걸쳐 자라는 게 아닌가! 그들은 오랫동안 하나님의 음성을 직접 들은 적도, 자기 자신의 음성을 들은 적도 없다. 빠른 속도로 돌아가는 사회, 그리고 가정과 직장에서 받는 압박은 인간관계뿐 아니라 영적 생활도 질식시키고 있다. 우리는 하나님, 다른 사람들, 심지어 자기 자신과도 교제할 시간이 필요하다는 것을 알고 있다. 그러나 어떻게 그런 시간을 마련해야 하는지는 모르고 있다.

넘치도록 충만한 목적의식이야말로 모든 활동의 기초가 되어야 한다. 우리는 다시 한 번 산상수훈에서 주님이 하신 말씀에 귀를 기울여야 한다. "너희는 먼저 하나님의 나라와 그의 의를 구하여라. 그리하면 이 모든 것을 너희에게 더하여 주실 것이다"(마 6:33). 가장 기본적으로 헌신해야 할 일은 하나님의 뜻을 발견하고 그 뜻을 행하는 것이다. 여기에서 우리는 우리가 하는 모든 활동의 의미를 발견한다.

작전 타임을 원칙으로 삼으라

일상 속에서 규칙적으로 하나님과 시간을 보내는 가장 좋은 방법은, 원칙을 정하고 그 원칙을 충실히 지키는 것이다. 언제 어디서 그 시간을 가질지를 먼저 정하라. 아침 식사 전에 거실에서 할 것인지, 아니면 밤에 잠자리에 들기 전에 할 것인지 정하라. 핑계거리를 찾기는 아주 쉽다.

- 감기에 걸렸으니까 좀더 자는 게 낫겠다.
- 오늘은 날씨가 안 좋으니 경건의 시간을 갖지 말고 일찍 출발하는 게 좋겠다.
- 오늘 밤 텔레비전에서 특별 프로그램을 하는데….
- 이번 "시사저널" 표지 기사가 아주 재미있을 것 같은데 말이야. 에이, 요즘 기도도 잘 안 되는데 잡지나 보자.

일단 원칙을 정하고 나면 매일 할 것인지 말 것인지 결정할 필요가 없다. 그냥 실천하기만 하면 되는 것이다!

하나님과의 관계 회복을 위해 매일 특정한 시간을 비워 놓는 것은 최우선 순위에 둘 만하다. 이는 "우리의 주님이시며 구주이신 그리스도 예수의 은혜 안에서, 그리고 그분을 아는 지식 안에서"(벧후 3:18) 일평생 해 나가야 하는 과정이다. 이는 또 어떤 일에 대해 하나님의 뜻을 알고자 할 때, 하나님이 우리를 인도하시는 통로가 되기도 한다. 이런 방법에 따라 살아가다 보면 내면과 외적 활동 사이의 긴장은 점차 줄어들 것이다.

그런데 여기서 많은 사람이 걸림돌을 만나게 된다. 규칙적으로 경건의 시간을 가질 조용한 시간과 장소가 없다는 것이다. 그럴 경우 즉흥적인 방법을 찾으라. 자가용을 타고 출근하는가? 그렇다면 묵상과 기도의 기초가 되는 찬송가 한두 곡을 들으면서 시작하라. 엽서 크기의 종이에 성경 말씀을 적어서 차가 밀리거나 줄을 서서 기다려야 할 때 묵상하고 암송하라. 일주일에 한두 번은 점심을 금식하고 기도하라.

다음에는 주로 개인적인 경건의 시간, 즉 하나님과 관계를 맺는 '내면의 시간'에 초점을 맞추면서 실제적인 삶 속에서 성경을 읽고 기도하는 방법을 몇 가지 검토할 것이다.

다섯 가지 질문

많은 사람이 어디서부터 시작하고 무엇을 기대해야 할지 몰라서 성경 읽기를 못 하고 있다. 대부분의 책자에는 그날그날 읽을 몇 개의 성경 구절만

나와 있으며, 어떤 책들은 성경 말씀을 글 쓰는 이의 견해를 받쳐 주는 근거 자료 정도로만 사용한다. 그러나 당신의 상황에 맞는 하나님의 말씀을 듣기 원한다면 직접 성경을 보는 것이 가장 좋다.

만일 매일 경건의 시간을 갖고 있지 않다면, 신약의 복음서 중 한 권, 혹은 서신서 중 한 권에서부터 시작해 보라. 10분 내지 15분 동안 한 장을 천천히 읽고, 그 말씀이 당신의 삶에 주는 의미를 생각해 보고, 그날 하루 자신과 다른 사람들을 위해 기도하라.

어느 날 개인적으로 대통령의 초청을 받았다고 가정해 보라. 그럴 때 당신은 이 기회를 통해 평소 대통령의 정책에 대해 생각해 오던 바를 말하거나, 당신에게 긴급한 어떤 일을 처리해 달라고 요청하겠는가? 그럴 수도 있을 것이다. 그러나 대통령 집무실에 들어가자마자 당신의 관심사부터 늘어놓을 수는 없다. 당신은 대통령이 초청한 목적과, 당신과 어떤 이야기를 나누고자 하는지 먼저 듣게 될 것이다. 그 이후에 적절한 때가 되면 당신의 관심사를 말할 기회를 얻게 될 것이다.

이와 마찬가지로, 우리는 이 시간을 듣는 것에서 시작해야 한다. 우리는 먼저 하나님이 말씀하고자 하시는 것을 들어야 한다. 시편 기자는 이렇게 말한다. "하나님께서 무엇을 말씀하시든지, 내가 듣겠습니다. 주께서 우리에게 평화를 약속하실 것입니다"(시 85:8). 성경을 읽으면서 우리가 기억해야 할 다섯 가지 질문을 소개한다.

1. 순종해야 할 명령이 있는가? 성경 66권에는 다양한 상황에서 주어진 명령들이 쓰여 있다. 대부분은 하나님이 특별히 그분의 백성에게 하신 말씀이다. 하나님은 시내 산에서 모세를 통해 십계명을 주셨다. 복음서는 예수님이 제자들에게 하신 말씀을 기록하고 있다. 바울 서신들의 마지막 부분에서는 사도들의 가르침을 실생활에서의 명령 형식으로 적용하고 있다.

매일 성경을 읽다 보면, 특별히 당신의 삶에 적용되는 명령과 대면하게 되어 행동을 요구받는 경우가 있을 것이다.

유대 지도자들은 예수님이 정식 신학 교육을 받지 못했다는 이유를 들어 그분의 권위에 도전했다. 그때 예수님은 이렇게 대답하셨다. "하나님의 뜻을 따르려는 사람은 누구든지, 이 가르침이 하나님께로부터 난 것인지, 내 마음대로 말하는 것인지를 알 것이다"(요 7:17). 하나님의 뜻을 행하고자 하는 마음은 기독교의 핵심이다. 그리스도의 가르침에 순종하고자 하는 결심은, 진리를 알고 실천하고자 하는 길을 열어 준다.

2. 고백하고 버려야 할 죄가 있는가? 이는 동전의 반대쪽으로, 당신이 하고 있는 무언가를 **그만두라**는 요청이다. 그날의

성경 말씀이 삶의 잘못된 태도나 행동을 밝히 보여 줄 수도 있나. 그것은 미처 의식하지 못했던 죄일 수도 있고, 혹은 별로 고민하지 않고 있던 죄일 수도 있다. 어느 쪽이든 사도 요한에 의하면, "우리가 우리의 죄를 자백하면, 하나님은 미더우시고 의로우셔서, 우리의 죄를 용서해 주시고, 모든 불의에서 우리를 깨끗하게 해주실 것"(요일 1:9)이다.

죄를 고백하는 것은 그저 죄송하다고 말하는 것이 아니다. 그것은 죄악된 행동을 기꺼이 중단하겠다는 태도를 포함한다. 이런 행동을 가리키는 또 다른 성경적 표현은 바로 **회개**인데, 반대 방향으로 가기 위해 돌아서는 것을 말한다. 이는 유혹이 다가올 때 하나님의 은혜와 능력을 힘입어 저항하겠다는 단호한 결심이다. 시편 기자는 그 중요성을 잘 묘사하고 있다. "내가 마음속으로 악한 생각을 품었더라면, 주께서 나에게 응답하지 않으셨을 것이다"(시 66:18).

3. 따르거나 피해야 할 실례가 있는가? 성경에는 하나님과 인간에 대한 많은 가르침이 기록되어 있지만 주로 역사, 즉 사건들이 기록되어 있다. 성경은 개인, 가족, 족속과 나라들에 대한 기록이다. 우주의 창조주시요 운행자이신 하나님은, 동시에 역사의 주인이시요 심판자이시기도 하다. 하나님의 계시는 긍휼과 심판의 능력 있는 행동으로 나타났고, 이 행동의 의미가

선지자들을 통해 선포되었다.

성경은 전기 형식의 글이 많기 때문에 우리가 따라야 할 좋은 예와 피해야 할 나쁜 예를 많이 보여 주고 있다. 어떤 경우에는 한 인물 안에서 두 가지가 다 드러난다. 다윗은 자신의 적인 사울 왕의 목숨을 빼앗을 수 있는 기회를 포기했다. 그러나 왕이 된 후에 다윗은 충실한 부하 우리야의 아내를 빼앗고 전장에서 그를 죽게 만들었다. 오늘 당신이 읽은 성경 말씀의 특정한 예가 삶에 적용될 때 어떤 행동을 취하라는 부르심으로 느껴질 수 있다.

4. 주장해야 할 약속이 있는가? 만약에 있다면, 거기에는 어떤 조건이 붙어 있는가? 하나님의 약속은 신구약을 모두 관통하고 있다. 구약의 약속으로는 모세에게 주신 십계명을 들 수 있다. "너의 부모를 공경하여라. 그래야 너희는, 주 너의 하나님이 너희에게 준 땅에서 오래도록 살 것이다"(출 20:12). 새로운 땅에 계속해서 평안히 머물기 위해서는 그 백성이 하나님의 법에 순종해야 한다는 조건이 붙어 있다.

신약에서는 바울이 빌립보 교회에 보낸 편지에서 그 예를 찾아볼 수 있다. 평강에 대한 약속은 그들의 순종에 달려 있다. "여러분은 나에게서 배우고 받고 듣고 본 것들을 실천하십시오. 그리하면 평화의 하나님께서 여러분과 함께 계실 것입니다"(빌 4:9).

5. 하나님과 예수님, 성령님에 대한 새로운 깨달음이 있는가?

자주 접하던 성경 구절에서도 새로운 통찰력을 얻을 수 있다. 예를 들어, 당신이 잘 아는 시편 23편에서도 이전에 경험하지 못했던 하나님의 새로운 면이 드러나 보일 수 있다. 시편 내용이 그 사이 바뀌어서인가? 아니다. 당신이 새로운 이해에 눈뜰 수 있게 변한 것이다. 이로 인해 당신은 감사와 찬양을 드리게 된다.

성경을 아주 오래 읽은 사람만이 이 다섯 가지 질문에 적합한 말씀을 찾을 수 있는 것은 아니다. 단, 경건의 시간용으로 추천할 만하지 못한 구약의 긴 족보나 상세한 성막 설명 부분 같은 말씀은 제외하고 말이다.

만일 하나님의 말씀이 조속한 행동을 요구한다면 어떻게 반응하겠는가? '좀더 생각해 보고 안 하면 어떻게 되는지 두고 보자'라고 하겠는가? 그렇지만 정작 행동에 옮겨야 할 때가 되었을 때, 당신의 기억은 희미해지고 결심은 이미 약해졌을지 모른다. 실행을 늦추면 의사 결정을 위한 작전 타임의 가치를 잃어버리고 만다.

농구 팀 선수들이 작전 타임에 의견만 주고받고는, 경기에 대한 압박감 때문에 코트로 뛰어나가 새로운 전략을 실행하지 못한다면 당신은 그들을 어떻게 생각하겠는가?

하나님의 뜻을 듣는 것과 행하는 것의 연결 고리는 바로, 말씀을 듣는 순간의 즉각적인 결심이다. 이미 결심했다면 이제 남은 것은 그때가 왔을 때 결심대로 행하는 것이다.

말씀 묵상

성경 본문을 묵상하는 법을 배운 그리스도인들은 많지 않다. 그 이유 가운데 하나는 문화적인 것인데, 일반적으로 미국인들은 대체로 어떤 일에 대해 묵상하지 않는다. 또 다른 이유는 묵상을 뉴에이지나 요가, 참선, 초월 명상 혹은 주문을 반복하는 것 등과 관련짓기 때문이다. 그러나 그런 것들이 진정으로 성경적인 명상의 가치를 앗아갈 수는 없다.

일반적인 용어로 '묵상하다'라는 말에는 단순히 '깊이 생각하다, 반추하다, 오래 생각하다' 등의 뜻이 있다. 묵상이란 성경의 저자들이 실천하고 가르쳐 온 것이다. 시편은 "오로지 주의 율법을 즐거워하며, 밤낮으로 율법을 묵상하는 사람"(시 1:2)이 복이 있다는 말로 시작된다. 시편 119편에는 '묵상하다'라는 말이 여덟 번 사용되고 있다. 이 단어는 항상 하나님의 말씀, 즉 그분의 경고, 명령, 율법, 규칙에 초점을 맞추고 있다. 이들은 언약 관계에 있는 살아 계신 하나님과 교제하기 위해 말씀을 묵상했나.

그러나 동양의 신비주의는 세상으로부터 분리되어 자기 자신에게서 벗어나 우주의 신$^{Cosmic\ Mind}$과 합일하는 것을 추구한다. 그 안에는 세상의 고뇌와 고통에서 해방되고자 하는 갈망이 들어 있다. 이것의 대중적인 형태인 초월 명상은 좀더 낙관적이며, 말하자면 '물질주의자를 위한 명상'이다. 이것은 영적인 세계에 대한 믿음 없이 신체적이고 정서적인 행복만을 개선하기 위한 방법이다. 서로 다른 이 두 가지 의미는 극과 극이다.

최근 그리스도인의 묵상은 광범위하게 인정받고 있다. 특히 영향력이 컸던 것은, 독일의 신학자요 독일 교회의 지도자로 히틀러의 유대인 박해에 강력하게 저항했던 디트리히 본회퍼의 삶과 가르침이었다. 1943년 4월 본회퍼는 체포되었고 다시는 석방되지 못했다. 그 후 2년 간 그는 「옥중서간」 Letters and Papers from Prison(대한기독교서회 역간)을 썼다. 출판하기 위해 쓴 것은 아니지만 이 책은 계속해서 큰 영향을 끼치고 있다.

본회퍼는 묵상을 위한 성경 읽기를 실천했고, 이는 기독교적 삶을 형성하여 그 삶에 방향을 정하고 인도하는 역할을 했다. 그는 우리의 기도를 인도하고 우리의 생각을 훈련시키기 위해 '성경에 사로잡힌' 묵상을 하도록 촉구했다. "성경 말씀을 받아들이고, 마리아가 그랬던 것처럼 마음속에서 그것을 생각하라. 이것이 전부다. 이것이 바로 묵상이다"(「본회퍼의 시편 명상」, 열린서원 역간).

집중할 수 있도록 성령님께 간구하는 것으로 묵상을 시작하라. 그러고 나서 성경 본문을 읽으라. 각 절마다 "하나님이 여기서 말씀하시는 것은 무엇인가?"라는 질문을 던지라. 하나님이 오늘 당신에게 하시고 싶은 말씀, 일반적인 말씀뿐 아니라 특히 오늘 하시고자 하는 말씀을 들을 수 있게 해 달라고 기도하라. 묵상이 끝날 즈음, 당신이 깨달은 하나님의 은혜가 무엇이든 간에 그것에 대해 감사하라. 그러면 사랑하는 사람의 말이 우리를 하루 종일 따라다니는 것처럼, 성경 말씀도 당신 안에서 쉬지 않고 일하게 될 것이다.

디트리히 본회퍼는 하나님의 말씀과 기도의 상호 작용을 다음과 같이 묘사하고 있다.

> 하나님으로부터 오는 말씀은 우리가 하나님께로 가는 길을 안내하는 계단이 된다. 우리는 성경에 근거하여 하나님이 우리에게 말씀하신 언어로 다시 하나님께 말씀 드리는 법을 배운다. 우리는 어린아이가 어머니께 말하는 법을 배우는 것처럼 하나님께 말씀 드리는 법을 배운다. 그렇게 되면 성경 전체는 우리가 하나님을

찾을 수 있도록 허락해 두신 하나님의 말씀이 된다.

본회퍼는 엄격한 기도 훈련이 필요하다는 것을 느꼈다. 그는 우리가 자주 기분에 따라 기도하고 있다는 것을 깨달았다. 그러므로 아침 일찍 규칙적인 시간과 장소를 정하여 기도하는 것이 좋다.

우리는 그분의 말씀 가운데서 그리스도를 만나기를 원한다. 매일 다른 사람을 만나기 전에 그분을 먼저 만나라.…일용할 양식 전에 일용할 말씀이 있어야 한다. 그래야만 감사함으로 양식을 먹을 수 있다. 그럴 때에만 우리가 하는 일이 하나님의 뜻을 성취하는 일이 될 수 있다.

1945년 4월 9일 이른 아침, 제2차 세계대전이 끝날 무렵, 본회퍼는 플로센부르크 포로 수용소에서 처형당했다. 수용소 의사는 그의 최후에 대해 다음과 같이 적고 있다("크리스채너티 투데이", 1995년 4월 3일자).

본회퍼 목사는 죄수복을 벗기 전 마룻바닥에 무릎을 꿇고 하나님께 간절히 기도했다. 이 사랑스런 사람은 하나님이 자기 기도를 들으신다는 분명한 확신을 가지고 경건하게 기도했고, 나도 깊은 감동을 받았다.····처형장에서 그는 다시 짧은 기도를 하고 당당하고 침착하게 교수대 계단을 걸어 올라갔다.····나는 하나님의 뜻에 그토록 온전히 순종하면서 죽는 사람을 본 일이 없다.

그런 순종은 이미 수년 전부터 있어 왔던 일이다. 본회퍼는 말씀 묵상을 통해 하나님이 그를 위해 예비하신 길을 발견하고, 믿음과 순종과 용기로써 한걸음씩 그 길을 걸어왔다.
　당신의 계획표에 규칙적인 묵상 시간을 마련하라. 이 시간을 통해 얻게 될 새로운 조망은 당신의 삶 전체를 잘 인도해 줄 것이다.

1. 당신의 계획표에는 '작전 타임'이 있습니까? 아직 습관화되어 있지 않다면, 그렇게 할 필요성을 느끼십니까?

2. 앞에서 제시한 다섯 가지 질문 중에서 당신이 성경을 읽을 때 가장 잘 적용되는 질문은 어느 것입니까? 앞으로 며칠 동안 이 다섯 가지 질문에 모두 대답하도록 노력해 보십시오.

3. 성경과 묵상에 관한 본회퍼의 말 중 가장 인상 깊었던 것은 무엇입니까?

그리스도는 우리를 위해 육신이 되신 하나님의 말씀이다.
말씀 훈련을 통해 하나님의 말씀은 계속해서 우리 안에서 육신이 된다.
성경을 읽을 때,
하나님이 우리에게 주시는 가장 친밀한 말씀으로 여기고 읽으라.

헨리 나우웬Henri Nouwen

10
하나님의 말씀을 듣는 법

하나님의 말씀인 성경을 읽으며
일상에서 주님의 음성을 듣기 위해서는
어떻게 해야 하는가?

 눈코 뜰 새 없이 바쁜 삶을 살아가는 중에도 사람들은 하나님의 음성을 들어야 한다고 느낀다. 그러나 바쁜 일정 때문에 우리는 그런 노력조차 하지 못하는 경우가 많다. '학교나 졸업하고 이 교과서에서 좀 해방된 후에 하지, 뭐…' 혹은 '아이들이 좀더 커서 손이 덜 가면 하지, 뭐…'라고 생각하면서 말이다. 그러나 우리는 지금 하나님 앞에서 잠잠히 있는 법, 즉 성경을 읽고 기도하는 중에 그분의 음성을 듣는 법을 배워야 한다. 그렇게 된다면 우리 삶을 숨막히

게 만드는 수많은 폭군들의 손아귀의 힘이 빠질 것이다. 그리고 우리는 성경 공부에 관한 다음과 같은 옛 말씀의 의미를 깨닫게 된다.

> 내가 주의 법을 얼마나 사랑하는지, 온종일 그것만을 깊이 생각합니다.…주의 공의로운 규례를 생각하면서, 내가 하루에도 일곱 번씩 주님을 찬양합니다. 주의 법을 사랑하는 사람에게는 언제나 평안이 깃들고, 그들에게는 아무런 장애물이 없습니다(시 119:97, 164-165).

이번 장에서는 당신이 혼자서 혹은 다른 사람들과 성경을 공부하면서 하나님이 성경을 통해 말씀하시는 것을 들을 수 있도록 도와줄 것이다. 다음 장에서는 당신이 읽은 것을 바탕으로 기도하는 법에 관해 좀더 자세히 살펴볼 것이다.

우리는 성경 공부의 중요성을 확신하기 전까지는 제대로 된 성경 공부 시간을 마련하려고 하지 않는다. 일상생활에서 부딪히는 많은 압력과 요구들 때문에 우리가 깨어 있는 시간은 이미 다 소진되고 있다. 그런 상황에서 이런 고문서(古文書)를 공부하는 데 얼마나 높은 우선순위를 부여해야 한단 말인가?

우리는 우리에게 생명을 주시고 인생을 책임 있게 살아갈 수 있도록 붙잡아 주시는 창조주의 목적 안에서 인생의 의미를 발견해야만 한다. 다행스럽게도 우리는 그 목석이 무엇인지 추측하지 않아도 된다. 하나님은 먼저 자신을 드러내 보이셨고 우리와 어떤 관계를 맺기 원하시는지를 알려 주셨다. 성경은 "하나님께서 옛날에는 예언자들을 시켜서, 여러 번에 걸쳐 여러 가지 방법으로 우리 조상들에게 말씀하셨으나"(히 1:1)라고 기록하고 있다. 하나님은 역사 속에서 심판과 자비라는 위대한 행동을 통해 말씀하셨으며, 또한 그 행동의 의미를 선포한 당신의 사자들을 통해 말씀하셨다. 하나님의 백성들은, 이제 신구약 성경이 된 이 문서들을 오랫동안 갈망하고, 연구하고, 순종하며 살아왔다. 성경은 인생살이에서 가장 믿을 만한 권위를 제공해 준다. 시편 기자가 선포한 것처럼 "주의 말씀은 내 발의 등불이요, 내 길의 빛입니다"(시 119:105).

사람의 말로 쓰인
하나님의 말씀

우리를 위해 성경에 기록된 내용 중 일부는 하나님이 어떻게 **살아 있는** 말씀을 하셨는지에 대한 참된 이야기다. 히브리서 기자는 계속해서 이렇게 기록하고 있다. "이 마지막 날에는 아들을 시켜서 우리에게 말씀하셨습니다. 하나님께서는 이 아들을 만물의 상속자로 세우시고, 그로 말미암아 온 세상을 지으셨습니다"(히 1:2). 사도 요한은 아주 고전적인 표현으로 이렇게 썼다. "태초에 말씀이 계셨다. 그 말씀은 하나님과 함께 계셨다. 그 말씀은 하나님이셨다.…말씀이 육신이 되어 우리 가운데 사셨다. 우리는 그의 영광을 보았다. 그 영광은 아버지께서 주신 독생자의 영광이며, 그 안에는 은혜와 진리가 충만하였다"(요 1:1, 14). 예수 그리스도 안에서 하나님의 행동과 말씀은 하나가 된다. 우리에게 필요한 구원의 행동과 계시의 말씀이 모두 그분 안에서 발견된다.

성경을 이해하기 위해서 우리는 **계시**와 **영감**과 **해석**의 분명한 차이를 이해해야 한다.

1. 하나님의 계시 인간이 신을 찾아가는 다른 종교와 달리 성경에서는 하나님이 주도권을 쥐고 계신다. 우리가 하나님에 대해 아는 모든 것은 하나님의 자기 계시라는 은혜로운 선물이다. 그 계시는 아주 다양한 개인과 문화 그리고 문학 형식을 통해 주어졌다. 그러나 이 말씀들은 항상 선지자나 이를 기록한 사람들이 하나님께로부터 받아서 말했지, 이들이 스스로 말했다고 주장한 것은 하나도 없다.

사도 베드로는 이 점을 분명히 하고 있다. "여러분이 무엇보다도 먼저 알아야 할 것은 이것입니다. 성경의 모든 예언은 마음대로 해석되어서는 안 됩니다. 예언은 언제든지 사람의 뜻에서 나온 것이 아니라, 사람들이 성령에 이끌려서, 하나님께로부터 오는 말씀을 받아서 한 것입니다"(벧후 1:20-21). 계시는 위에서 아래로 내려가는 것이다. 하나님에게서 그분의 백성에게로 말이다. 그 전형적인 예가 미가 1:1에 나와 있다. "이것은 주께서, 사마리아와 예루살렘이 어찌 될 것인지를, 모레셋 사람 미가에게 보여 주시면서 하신 말씀이다."

서구 사회의 가장 뛰어난 지성인 중 한 사람이었던 사도 바울은 그의 가르침이 하나님으로부터 왔다고 선포했다. "우리가 이 선물들을 말하되, 사람의 지혜에서 배운 말로 하지 않고, 성령이 가르쳐 주시는 말로 합니다. 곧 신령한 것으로 신령한 것을 설명합니다"(고전 2:13). 바울의 가르침과 서신들에는 그의 날카로운 지성이 엿보이기는 하지만, 그의 권위는 자기 자신의 통찰력이나 지혜에 바탕을 두고 있지 않았다.

계시란, 하나님이 당신의 선지자를 선택하시고 그들의 삶 속에서 일하시며 그 백성들에게 선포될 메시지를 드러내시는 과정이다. 그 예언이 때론 미래의 일을 미리 말씀하시는 경우도 있지만 대개는 종교적인 배교와 사회 경제적인 악을 지적하고 참 신이신 하나님께 돌아와 불의를 제거하라는 요청이었다.

2. 영감된 기록 그 예언들이 당시 아무리 가치 있는 것이었다 하더라도 기록으로 보존되지 않았다면 후대 사람들에게 아무런 유익이 없었을 것이다. 우리는 **선지자들이** 영감을 받았다고 말하지만 실제로 영감받은 것은 **그들의 기록**이다. 바울은 자신의 젊은 후계자 디모데에게 보낸 편지에서 이 중요한 원리를 말해 주고 있다.

> 그러나 그대는 그대가 배워서 굳게 믿는 그 진리 안에 머무십시오. 그대는 그것을 누구에게서 배웠는지를 알고 있습니다. 그대는 어려서부터 성경을 알고 있습니다. 성경은 그리스도 예수를 믿는 믿음으로 말미암아, 구원에 이르는 지혜를 그대에게 줄 수 있습니다. 모든 성경은 하나님의 영감으로 된 것으로, 교훈과 책망과 바르게 함과 의로 교육하기에 유익합니다. 그것은 하나님의 사람으로 하여금 유능하게 하고, 온갖 선한 일을 할 준비를 갖추게 하려는 것입니다(딤후 3:14-17).

바울 서신이 흔히 그렇듯이, 교리적인 가르침은 어떤 구체적인 상황의 필요에 따라 주어진 것이다. 성경의 진리는 단지 머릿속을 채우기 위한 것이 아니다. 성경의 궁극적인 목적은 우리의 삶을 빚어 가는 것이다. '거룩한 기록들'의 일차적인 목적은 우리가 구원을 받을 수 있도록 가르치는 것이다. 성경은 그리스도의 삶과 죽음과 부활이라는 좋은 소식을 전하고 있다. 성경은 우리를 바르게 살도록 훈련시켜 선한 일에 준비되도록 해준다.

또 우리는 성경이 하나님의 감동으로 되었다(문자 그대로는 '숨을 내쉬다')는 것을 알게 된다. 즉 '하나님이 숨을 불어넣으셨다.' 바울은 성경이 하나님의 감동으로 된 것이라고 했지 성경 저자들이 감동되었다고 말하지 않았다는 점에 주의하라. 이는 그가 고린도전서 2:13에서 자신의 가르침을 "성령이 가르쳐 주시는 말"이라고 한 것과 일치한다.

어떤 사람들은 성경 저자들이 영감을 받았을 뿐 그 말씀은 그렇지 않다고 말한다. 그러나 그런 근거에서라면 우리는 성경의 가르침에 대해 확신을 가질 수 없다. 왜냐하면 기록된 말을 통해 저자의 사상이 전해지기 때문이다.

이는 우리가 "베토벤은 영감 있는 작곡가였지만 나는 그의 악보를 전부 믿을 수는 없다"라고 말할 수 없는 것과 같다. 또는 "아인슈타인의 상대성 이론은 받아들이지만 그의 수식을 전부 믿을 수는 없다"라고 말할 수 없는 것과 같다. 마치 작곡가의 악보가 그의 음악을 구성하고, 과학자의 수식이 그의 이론을 규정하는 것처럼, 성경의 언어는 저자의 메시지를 전달하고 있다.

많은 사람들이 '축자영감'(逐字靈感)을 부인하는데, 이는 그것이 기계적인 받아쓰기를 의미한다고 생각하기 때문이다. 그러나 그렇지 않다. 성경 저자들은 그들 자신의 고유한 문화, 언어, 개성과 경험을 드러낸다. 우리는 성령님이 **어떤 방식으로** 성경에 영감을 불어넣으셨는지는 알 수 없다. 다만 성경이 잘못된 가르침 없이 하나님의 메시지를 믿을 만하게 전달하고 있다는 것을 알 뿐이다. 그렇기 때문에 우리는 성경이 전적으로 믿을 만하며 우리 신앙과 행위에 대해 최종적인 권위를 갖는다는 것을 받아들일 수 있다.

우리는 성경 연구를 통해서 창조주요 구속자이신 하나님을 우리의 구세주로 알게 된다. 또한 인간의 본성이라는 구조 속에 짜여져 있는 하나님의 도덕률과 영적인 법칙들을 발견한다. 결국 우리는 주 예수 그리스도를 섬기는 가운데 우리 인생에 의미와 목적을 발견하게 된다.

3. 성경의 해석 많은 사람들이 성경은 너무 어려워서 정식 신학 교육을 받지 않으면 알 수 없다고 생각한 나머지 성경 연구를 멀리한다. 또 어떤 사람들은 다른 이들이 자기의 생각을 확증하기 위해 성경을 해석하는 것을 보고는 의욕을 잃는다.

당신은 이들 두 범주 중 하나에 속하는가? 그렇다면 용기를 가지라. 다음에 나오는 기본적인 해석 원칙들은 성경 구절을 연구할 때 이런 양극단을 피할 수 있게 도와줄 것이다.

첫째, 문학 형식을 파악하라. 성경은 단순한 한 권의 책이 아니다. 성경은 66권의 '책들'로 이루어진 선집이다. 산문과 시, 역사와 비유, 전기, 잠언, 편지, 설교문, 예언 등 다양한 종류의 문학 형태로 구성되어 있다. 당신이 어떤 종류의 글을 읽고 있는지를 안다면 매우 유리하다. 예를 들어, 비유는 역사적인 서술이 아니라 영적인 진리를 담고 있는 이야기다. 편지는 종종 그 편지를 받는 교회나 개인의 상황을 드러내 준다.

둘째, 본문의 의미를 찾으라. 종교개혁 당시 많은 성경 해석가들은 듣는 이들의 경탄과 즐거움을 자아내기 위해 환상적인 풍유를 찾는 데 몰두했다. 때로는 그들의 상상력이 지나쳐 본문을 너무 영적으로 해석하는 경우가 많았다. 그래서 마르틴 루터는 본문의 '평범한 의미'를 찾으라고 주장했다. 다시 말해, 보통의 독자가 이해할 수 있는 메시지를 찾으라는 것이었다. 이는 그때나 지금이나 마찬가지다!

만일 그 글이 기록되었을 당시의 독자들에게 이해되지 않을 법한 해석이라면 그 해석은 성경 저자들이 의도한 의미가 아닐 것이다.

또 우리는 한 단어가 여러 의미를 갖는다는 것을 기억해야 한다. 예를 들어 영어의 'bar'라는 단어를 생각해 보자. 이 단어에는 여러 가지 의미가 있는데, 비누 조각이라는 뜻도 있고,

법의 집행이라는 의미도 있다. 그렇다면 어떻게 저자가 말하고자 하는 의미를 찾을 수 있을 것인가? 그 대답은 간단하다. **단어의 의미는 그 단어가 사용된 상황과 용례에 의해 결정된다.** 다시 말해, "저자는 지금 어떤 주제를 다루고 있는가?" "이런 상황에서 이 단어는 어떻게 사용되고 있는가?" 등을 고려해야 한다. 이런 원칙을 지킨다면 성경에 사용된 단어에, 그 전후 문맥을 고려하지 않은 채 특정한 의미를 임의로 부여하는 잘못된 '단어 연구'의 위험을 방지할 수 있다.

성경의 번역본

각 책의 다양성에도 불구하고 신약은 한 가지 공통된 특징을 가지고 있다. 신약은 모두 주전 300-350년 사이에 쓰이던 고전어와는 아주 다른 헬라어로 기록되어 있다. 위대한 철학자, 극작가 그리고 역사가들이 모두 이 헬라어를 사용했다. 오래전 이 사실이 발견되었을 때 학자들은 하나님의 말씀에 대한 경외심 때문에, 신약은 이 거룩한 목적을 위해 특별히 주어진, '성신'이 임하신 헬라어로 기록되었다는 결론을 내렸다.

그러나 19세기에 이르러 고고학의 발달로 고대의 서신, 공문서, 상거래 문서 등이 발견되면서, 신약의 헬라어는 당시 헬레니즘 세계의 일상어였던 코이네^{Koine}라는 헬라 방언이라는 것이 밝혀졌다. 얼마나 큰 충격이었겠는가! 그러나 성경 학자들은 곧 충격에서 벗어나 하나님이 자신의 메시지를 전하시기 위해 모든 사람이 이해할 수 있는 언어를 선택하셨다는 것을 인식하게 되었다. **하나님의 말씀은 온전한 인간의 언어로 주어진 것이다.**

4세기 말 제롬^{Jerome}은 고대 로마인들의 일상어였던 라틴어로 성경을 번역했는데, 이 번역본은 약 천 년 동안 서구 사회에서 광범위하게 사용되었다. 16세기에 영국의 종교개혁가였던 윌리엄 틴데일^{William Tyndale}은 또 다른 신약 번역본을 발간했으며, 이것은 그 후 1611년에 발간된 King James Bible의 기초가 되었다. 이보다 1세기 전에 마르틴 루터는 오늘날까지도 널리 읽히는 대중적인 독일어판 성경을 발간했다.

20세기에 들어서는 대중적이면서도 학문적인 다양한 번역본들이 출간되었다. 1940년대에 영국의 학자 필립스^{J. B. Phillips}는 아주 읽기 쉬운 「젊은 교회들에게 보내는 편지」^{Letters to Young Churches}를 발간했는데, 이 책은 그전에는 성경을 펴 보지도 않았던 많은 사람의 관심을 끌었다. 곧이어 케네스 테일러^{Kenneth Taylor}는 일부는 현대식으로 다시 쓰기도 한, 생생하고도 현대적인 영어로 쓰인 The Living Bible을 출간했다.

그러는 동안 두 개의 번역 위원회가 구성되어, 일반인들이 읽고 연구할 수 있는 성경 번역 작업을 수행했다. RSV Revised Standard Version는 1952년에 처음 등장했다. NIV New International Version는 1985년에 등장했다. 이들 두 번역본은 우리 시대에 가장 널리 사용되는 영어로 성경을 번역하고자 하는 끊임없는 노력의 과정을 보여 준다. 이후에도 1989년에 NRSV New Revised Standard Version와 1996년에 New Living Bible이 출간되었다.

하나님의 말씀이 쉽게 이해할 수 있는 영어로 출간되는 것은 좋은 일이지만, 이렇게 많은 번역본과 성경 공부용 성경이 있다고 해서 우리가 정말로 성경을 더 잘 이해하고 더 강력하게 적용하게 되는지에 대해서는 의문을 가질 수밖에 없다. 우리는 한 가지 번역본을 오랫동안 읽으면서 충실한 연구를 해야지, 한 번역본에서 다른 번역본으로 바꾸어 가면서 비교하고 비평만 하는 '책만 바꾸는 사람'이 되지는 말아야 할 것이다.

행동하는 진리

"성경을 문자 그대로 받아들이십니까?"라는 질문을 받아본 적이 있는가? 그럴 때 당신은 어떻게 대답하는가?

이는 단순히 "네" 혹은 "아니오"라는 대답 이상의 것을 요구하기 때문에 필자는 보통 "문자적인 것은 문자 그대로, 상징적인 것은 상징적으로 받아들입니다"라고 대답한다. 그러면 **문자 그대로**라는 것이 무슨 의미인지를 묻는 질문이 이어진다. 사실 질문하는 사람은 "성경의 기록이 사실이라고 믿습니까? 기록된 사건이 실제로 일어난 일입니까?"라고 묻고 있는 것이다.

이러한 문제는 근본적으로 문자적인 오해 때문에 혼란스러워지는 경우가 많다. 사람들은 **문자적**이라는 말은 사실이라는 말로, 또 **상징적**이라는 말은 환상적(혹은 신화적)이라는 말로 잘못 이해하고 있다. 위대한 문학 작품이 그런 것처럼, 성경도 사람들의 이목을 끌고 상상을 자극하기 위해 상징 언어를 많이 사용하고 있다. 그러나 사실을 전하기 위해 이런 상징적인 언어를 사용하는 경우가 많다. 반대로 문자적인 서술만으로 동화나 신화를 이야기할 수는 있지만 그렇다고 해서 그것이 사실이 되는 것은 아니다(그리고 분명히 그런 이야기들은 재미가 덜할 것이다).

따라서 근본적인 질문은 "작가가 전하고자 하는 내용이 무엇인가?" 하는 것이다. 예를 들어, 다윗이 "주님의 강한 팔이 나를 대적의 손에서 구원하셨다"라고 말할 때 그가 의미하는 바는 무엇인가? 이스라엘 사람들은 새긴 우상에게 경배하지 말라는 명령을 받았기 때문에 이것은 분명히 상징적인 언어다.

하나님께 실제로 팔이 있는 것은 아니다. 그러나 다윗의 이런 은유는 "주님이 나를 도우사 창과 화살을 피하게 하시고 죽음을 면케 하셨다"라고 말하는 것보다 훨씬 효과적이다.

시편은 특히 하나님을 의인화한 표현으로 가득 차 있다. 하나님에 대한 진리는 그분의 행위 속에서 드러난다. 그러나 많은 비평가들은 하나님을, 사랑하기도 하고 미워하기도 하며, 소리를 지르기도 하고, 기억도 하시고 잊기도 하시는 분으로 묘사하는 것을 부적절하다고 생각한다. 이들은 하나님을 아주 고상한 헬라적 개념의 신, 즉 선, 고매함, 아름다움, 진리 등으로 묘사하기를 좋아한다. 이에 대해 두 가지 대답할 말이 있다.

첫째, 영이시며 무한하신 하나님이 자기 자신을 백성에게 드러내시고자 할 때, 인간의 생각과 행동의 범주를 사용하는 것보다 더 좋은 방법이 어디 있겠는가? 이런 비유적 언어는 하나님이 우리 인생에 대해 관심을 가지고 계신 매우 인격적인 분이심을 드러내고 있다. 이런 언어들은 이 세상 어떤 문화에서도 이해될 수 있는 것이다.

둘째, 우리는 선이나 아름다움 같은 개념이나 사상을 사랑하거나 그것들로부터 사랑받을 수가 없다. 성경의 인간적인 용어들이 비판적인 학자들은 소외시킬지 모르지만, 살아 계신 하나님과의 인격적인 관계를 갈구하는 사람들에게는 큰 위로가 된다. 동시에 우리는 하나님이 우리가 이해할 수 없는 여러 차원에서 우리보다 훨씬 뛰어나신 분이라는 것을 깨닫는다. 그렇지만 C. S. 루이스의 말처럼 "우리는 적어도 하나님이 인격적인 분이시라는 것은 확신할 수 있다."

세 가지 중요한 질문

우리의 일상생활 속에서 성경이라는 보석함을 여는 세 가지 열쇠가 있다.

1. 말씀이 말하는 것은 무엇인가? 이 질문은 먼저 본문 속의 사실들을 탐색하게 한다. 불행하게도 많은 사람들이 성경에 대해 토론하면서 사실을 충분히 숙지하기도 전에 해석으로 건너뛰어 버린다. 이런 때는 성경을 잘 알고 있는 것이 오히려 방해가 될 수도 있다. 우리는 성경을 읽기도 전에 이미 다 '알고' 있다고 생각하는 경향이 있다. 본문에 대한 관찰은 누가, 무엇을, 언제, 어디서와 같은 사실에 대해 질문해 보는 것이다.

지난 10년 간 매년 성경을 일독했던 한 성숙한 그리스도인이 금년에는 좀 다른 것을 시도하고 있다고 나에게 말했다. 자신에게 친숙하지 않은 현대어 번역본으로 복음서를 읽기로 했다는 것이다. 마치 처음 복음서를 읽는 것처럼 읽으면서 성경

속의 사실들을 자세히 관찰하기 위해서 말이다. 그는 어려서부터 읽었던 성경에서 생전 처음 발견한 것들에 놀라고 말았다.

2. **말씀이 의미하는 바는 무엇인가?** 이 시점에서 우리는 사실에 대한 해석의 문제를 다룬다. 예를 들어 보자. 마가는 한 문둥병자가 예수님께 와서 병을 고쳐 주시기를 간구했던 이야기를 전하고 있다. "예수께서 그를 불쌍히 여기시고, 손을 내밀어 그에게 대시고…"(막 1:41). 우리는 이제 이 말씀의 의미를 묻는다. 왜? 어떻게? 이런 행동의 의미는 무엇인가? 왜 예수님은 그를 만지셨나? 이것이 문둥병자에게 의미하는 바는 무엇인가?

보통 이런 해석 질문에 대한 답은 본문을 잘 살피면 알 수 있다. 때로는 성경의 다른 부분이나 주석서를 참고하여 추가 정보를 얻을 필요도 있다. 그러나 우리가 읽고 묵상하는 것만으로도 얼마나 많은 것을 얻을 수 있는지 정말 놀랄 정도다. 그러니 너무 빨리 다른 도움을 받으려고 달려가지 말자. 어쨌든 성경의 저자들은 주석서도 없는 당시의 독자들이 그 생각의 흐름을 읽고 그의 메시지를 이해할 것을 기대하고 성경을 쓰지 않았겠는가?

3. **이 진리가 오늘 나에게 의미하는 바는 무엇인가?** 이 적용 질문은 종종 무시되곤 하지만, 이 질문이야말로 우리가 성경 공부를 하는 가장 중요한 목적과 직결된다. 진리와 행동이 연

결되지 않는다면 우리의 성경 공부는 사상누각(沙上樓閣)에 불과할 뿐이다.

우리에게 말씀하시는 하나님의 메시지를 발견하는 시간을 날마다 갖게 되면 우리는 점점 더 하나님의 시각으로 인생을 바라보게 된다. 우리를 찾아온 기회와 어려움에 새로운 빛이 비춰진다. 우리는 시편 기자처럼 "주의 말씀은 내 발의 등불이요, 내 길의 빛입니다"(시 119:105)라고 고백하게 될 것이다. 그러나 그보다 더 중요한 것은, 우리가 교회와 세상 속에서 하나님의 목적에 부합되는 하루하루를 살게 되면서 하나님의 임재에 대한 새로운 감각을 갖게 된다는 것이다.

성경 탐험 그룹

최근 들어 미국 전역에 걸쳐 새로운 성경 연구 소그룹이 크게 번성했다. 현대 영어로 된 새로운 번역본들이 등장하면서, 그리스도인들과 기독교에 관심 있는 사람들은 성경이 무엇을 가르치는지 좀더 알고 싶어 하는 마음이 생겼다. 이런 그룹들은 다양한 형태를 띠고 있다.

대부분의 그룹에는 특정한 리더가 없다. 회원들은 본문을 읽고 토론하면서 서로의 통찰을 나눈다. 또 다른 그룹에는 성경을 풀이해 주는 교사들이 있고 이들이 깨달은 것을 직접 전달해 준다. 각각의 방법은 일장일단이 있다.

첫 번째 그룹의 회원들은 자신이 발견한 것을 나눌 수 있는 충분한 기회를 가질 수 있다. 그러나 리더십이 없다 보면, 토론이 본문에서 벗어난다든지 주제와 관계 없는 문제에 함몰되는 경우가 있다. 교사가 있는 그룹은 이런 문제를 피할 수는 있지만 성경을 해석하는 데 교사를 너무 의존하게 되는 단점이 있다.

이런 두 극단 사이에 성경 탐험 그룹 Bible Discovery Group 이 있다. 이 모임에서 리더는 토론을 시작하고 그날의 본문 내에서 토론이 진행되도록 한다. 리더는 다른 사람들에게 본문의 의미를 말해 주는 그런 교사는 아니다. 오히려 회원들이 진리를 스스로 발견할 수 있도록 질문을 던지는 사람이다.

성경 해석의 기초적인 원칙을 적용하는 성경 탐험 그룹에 참여한 사람들은 그 결과에 매우 놀란다. 우리가 흔히 느끼는 두 가지 두려움, 즉 보통 사람이 읽기에는 성경이 너무 어렵다는 것과 누구든 자기 나름대로 성경을 해석할 수 있다는 두려움이 서로 주고받는 열린 토론을 통해 해소된다.

탐험 그룹이 주는 두 번째 유익은 회원들이 각자 필요한 시점에 성경과 교통할 기회를 갖는다는 것이다. 간혹 이런 질문을 받을 때가 있다. "만일 교사가 없다면 본문 속에 있는 진리를 놓치게 될 가능성이 있지 않습니까?" 그 대답은 이중적이다. 지적인 면에서는 '그렇고' 실천적인 면에서는 '그렇지 않다.'

성경 연구의 목적은 단번에 모든 진리를 알아내는 것이 아니다. **우리의 목표는 주된 가르침을 파악하여 적어도 한 가지는 실천에 옮기는 것이다.** 우리가 자신에게 솔직하다면 우리의 가장 큰 약점은 지적인 면이 아니라 실천적인 면이라는 점을 인정할 것이다. 자신이 직접 발견한 진리는 다른 사람들이 말해 주는 수많은 진리보다 더 가치 있는 법이다. 성령의 도우심으로 깨달아 적용한 가르침은 성경 연구의 목표를 달성한 것이다.

이와 같은 방법의 세 번째 이점은 리더가 반드시 모든 것을 알고 있을 필요가 없다는 것이다. 실제로 성경을 별로 잘 알지 못하는 초신자들도 훌륭한 리더가 되어 토론을 이끌 수 있다. 성경의 어느 한 책을 공부할 때 이 그룹은 한 번에 한 장만 집중적으로 다룬다. 주제별 성경 공부처럼 성경 여기저기를 뒤적이지 않기 때문에 리더는 창세기부터 요한계시록까지 모든 것을 알 필요가 없다.

본문에만 충실하기로 서로 약속하면 모든 회원이 동등하게 활동할 수 있는 장이 마련된다. 다시 말해, 성경을 읽어 보지 않은 사람도 신학 학위를 가진 사람과 나란히 앉아 이야기를 나눌 수 있다. 사실 그런 사람은 신학적인 문제를 끌어들이지 않기 때문에 오히려 토론에 더 긍정적인 기여를 할 수 있다.

그 밖의 다른 유익도 있다. 딴생각을 하면서 질문에 답할 수 있는 사람은 거의 없기 때문에 리더는 회원들이 주의를 집중하고 있는지 알 수 있다. 또 그들이 하는 대답을 들으면 이들이 본문을 어느 정도로 이해하고 있는지 알 수 있다. 열린 토론은 회원들이 서로 주고받는 과정을 통해 서로 다른 견해를 표현하도록 장려하는 효과도 있다. 진리가 어떻게 개개인의 삶에 적용되는지를 함께 나누는 것은 분명 자극제가 된다.

토론 인도

다음은 토론을 이끌기 위한 단계들이다.

1. 편리한 시간과 장소를 선택한다. 신속하게 시작하고 끝낸다. 의자를 원형으로 배치하고 여분의 성경을, 가능하면 같은 번역본으로 준비한다.

2. 기도로 시작한다. 성령님이 우리의 스승이 되심을 진정으로 믿는다면, 우리는 합심하여 그분의 도우심을 구할 것이다.

3. 회원 전체가 본문을 읽을 수 있는 시간을 가진다. 모임

전에 미리 읽고 왔을 것이라고 생각해서는 안 된다. 자원해서 한 단락씩 소리내어 읽도록 한다. 본문이 길 경우에는 회원들이 생각나는 질문들을 마음에 떠올리며 조용히 읽을 수 있도록 한다. 그러고 나서 순간적으로 떠오르는 생각들을 자유롭게 이야기하는 시간을 짧게 갖는다. 그러나 이 단계에서 토론은 하지 않는다.

4. 당신이 제기한 질문에 당신이 답하는 일은 절대로, 절대로, 절대로 없어야 한다. 회원들에게 충분한 시간을 주어 스스로 답을 찾아내도록 한다. 침묵이 너무 길어지면, 질문을 다른 표현으로 바꾸어 다시 한 번 해준다. 첫 번째 대답에 무조건 만족하거나, 부족한 부분을 당신이 보충해서는 안 된다. 이렇게 질문해 보라. "여기에 덧붙일 말씀이 있는 분 없나요?" 만일 대답이 틀린 것 같으면 "다른 분들은 어떻게 생각하세요?"라고 묻는다. 당신이 권위를 가지고 있는 사람이 아니라는 점을 명심하라. 곧 이어 회원들 스스로가 잘못된 부분을 수정할 것이다. 어떤 사람이 당신에게 질문하면 그 질문을 다시 다른 사람에게 넘겨 주라.

5. 리더가 끼어들 때가 되면 요약하고 또 다른 질문으로 넘어가라. 만일 다른 사람이 부적절한 말을 하거나 성경의 다른 부분에서 생각을 끌어오면 "본문의 어느 부분에 나와 있나요?"

라고 질문을 던지라.

6. 모든 대답에 감사를 표하라. 그 대답의 일부만 옳은 것이라고 해도 그런 작은 기여를 한 사람 모두에게 감사하라. 무뚝뚝하게 잘못된 답을 수정해 주기보다는 격려하라. 그룹에게서 배우는 자세를 갖추라.

7. 시간을 지키라. 토론이 계속 진행되게 하면서도 적용할 시간을 충분히 주라. 토론 중에 어떤 질문은 적합하지 않아 그냥 넘어가고 싶은 것도 있을 것이다. 그냥 넘어가도 되는 질문에는 미리 표시를 해 두라. 그러면 시간이 부족할 때 중요한 질문을 빠뜨리지 않고 다룰 수 있다.

8. 약속된 시간에 꼭 마쳐서, 회원들의 다음 일정에 지장이 없게 해야 한다. 그러나 토론을 더 하고 싶은 사람은 남아서 계속 토론할 수 있도록 제안할 수도 있다.

이러한 원칙과 실천 방법은 여러 가지 상황 속에서 시간을 두고 실험을 거친 것이다. 그러나 이런 기술이 가장 중요한 것은 아님을 명심해야 한다. 우리 스스로 성경 공부를 통해 하나님을 만나고, 그분이 우리에게 가르쳐 주시는 것들로 기뻐할 수만 있다면, 비록 우리의 방법이 완벽하지 않을지라도 우리는 성공한 것이다.

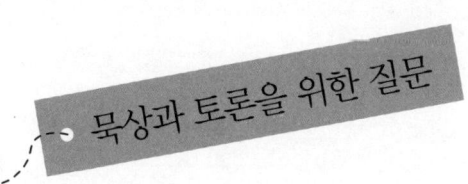

1. 최근 하나님은 당신에게 어떤 방법으로 자신을 나타내고 계십니까?

2. 그리스도인으로서의 삶과 섬김을 위해 성경은 어떻게 당신을 준비시켰습니까? 최근 의미 있게 다가온 성경 구절이 있다면 적어 보십시오.

3. 성경 해석의 원칙 중에서 가장 도움이 된 것은 무엇입니까?

4. 성경 탐험 그룹을 함께 할 만한 사람들이 있습니까? 그들의 이름을 적어 보십시오.

기도를 위한 가장 중요한 준비는
기도 자체가 아니라 기도에 앞선 삶이다.
산만하고 건조한 기도는 기도하지 않고 있을 때의
우리의 잘못된 기질, 행동 그리고 들뜬 마음에서 비롯된다.

프리드리히 폰 휘겔Friedrich von Hügel

11
성경 말씀으로 기도하는 법

바쁜 일상 속에서 시간을 내어 하나님의 말씀으로 기도하는 것이 중요한 이유와 그 방법은 무엇인가?

우리의 기도 생활은 종종 피로와 산만한 생각들 때문에 방해를 받는다. 우리는 너무 지쳐서 기도 생활을 지속할 수 없다고 느낀다. 집중하려고 노력하면 할수록 머릿속은 다른 생각들로 더 복잡해진다. 그것은 마치 "앞으로 5분 간은 하마에 대해 생각하지 말라"는 말을 듣는 것과 비슷하다(이 말을 듣고 나면 더 하마가 생각난다는 뜻-역주).

이런 주의 산만은 기도 시간 바로 전 몇 시간 혹은 며칠에 그 이유와 해결책이 있는 경우가 많다. 현대 생활의 빠른 속도와 압박감은 우리의 시간을 낚아채고, 기도에 필요한 에너지를 앗아간다. 따라서 아침에 경건의 시간을 가지려면 그 전에 며칠 동안은 미리 30분 정도 일찍 자야 할지도 모른다. 혹은 그날 해야 할 일들의 목록을 살펴보고 어떤 일은 빼든지 아니면 최소한 일을 좀 줄여서 그 다음에 있을 기도 시간을 준비해야 할지도 모른다.

제대로 기도 생활을 하기 위해서 성경에 나오는 기도를 우리의 기도로 삼는 것도 좋은 방법이다. 그렇게 하기에 가장 좋은 것이 시편인데, 시편에는 모든 형태의 기도가 들어 있다. 그중에서 네 가지 기도 형태는 ACTS(Adoration, Confession, Thanksgiving, Supplication의 약어로 각각 찬양, 고백, 감사, 간구를 뜻한다)라는 단어로 쉽게 암기할 수 있다.

매일 시편으로 경건의 시간을 시작하는 것에는 두 가지 이점이 있다. 첫째, 우리는 우리 자신이 아닌 시편 기자의 경험에 초점을 맞출 수 있다. 그래서 시편 기자가 자신의 말로 표현하는 인생의 일면을 따라 함께 여행한다. 시편이 끝나면 우리는 그 주제를 가지고 우리 자신의 말로 계속해서 기도한다. 둘째, 이렇게 하나님의 말씀을 들음으로써 경건의 시간을 시작하면, 하나님으로 하여금 그분이 선택하신 주제로 대화를 여시도록 할 수 있다.

다음은 이런 주제들을 예시하는 몇몇 시편들이다.

1. 찬양 이런 종류의 기도는 예배—경외심 깊은 사랑과 열렬한 헌신—의 행위다. 찬양의 기도는 하나님은 어떤 분이신지, 즉 그분의 능력과 사랑에 초점을 맞춘 찬미의 기도다. 그분은 하늘과 땅을 지으신 분이며, 역사의 주와 심판자가 되시고, 언약을 맺은 백성의 목자시다.

시편 100편은 그분의 위엄과 긍휼을 선포하고 있다.

> 온 땅아, 주님께 환호성을 올려라.
> 기쁨으로 주님을 섬기고, 환호성을 올리면서, 그 앞으로 나아가거라.
> 너희는 주님이 하나님이심을 알아라. 그가 우리를 지으셨으니, 우리는 그의 것이요, 그의 백성이요, 그가 기르시는 양이다.
> 감사의 노래를 드리며, 그 성문으로 들어가거라. 찬양의 노래를 부르며, 그 뜰 안으로 들어가거라. 감사의 노래를 드리며, 그 이름을 송축하여라.
> 주님은 선하시며, 그의 인자하심 영원하다. 그의 성실하심 대대에 미친다(1-3절).

시편 145편은 하나님의 위대하심을 기뻐하는 찬양이다.

왕이신 하나님, 내가 주님을 높이며, 주의 이름을 영원토록 송축
하렵니다.
내가 날마다 주님을 송축하며, 영원토록 주의 이름을 송축하렵니다.
주님은 위대하시니, 크게 찬양하자. 그 위대하심은 측량할 길이
없다(1-3절).

2. 죄의 고백 다윗 왕은 '하나님의 마음에 합한 자'라고 기록되어 있다. 그러나 우리가 이미 아는 대로 그는 간음과 살인을 저질렀다. 다른 왕들은 아무런 양심의 가책도 없이 이보다 더한 죄를 저질렀지만, 이 유대의 왕은 시편 51편에서 회개하는 심령을 다음과 같이 쏟아 놓고 있다.

하나님, 주의 한결같은 사랑으로 내게 자비를 베풀어 주십시오.
주의 긍휼을 베푸시어 내 반역죄를 없애 주십시오.
내 죄악을 말끔히 씻어 주시고, 내 죄를 깨끗이 없애 주십시오.
내 반역죄를 내가 잘 알고 있으며, 내가 지은 죄가 언제나 내 앞에
있습니다.…
주의 눈을 내 죄에서 돌리시고, 내 모든 죄악을 없애 주십시오.
아, 하나님, 내 속에 깨끗한 마음을 새로 지어 주시고 내 안에 정
직한 새 영을 넣어 주십시오(1-3, 9-10절).

당신이 이 시를 읽는 동안 성령님은 당신의 죄를 생각나게 하셔서 회개로 이끄실 수도 있다.

3. 감사 찬양이 하나님의 존재에 초점을 맞추고 있는 반면, 감사는 그분이 우리를 위해 하신 일들로 인해 하나님을 찬양하는 것이다. 다음은 시편 103편의 처음 여섯 구절인데 찬양과 감사, 이 두 가지 주제를 놀랍게 결합시키고 있다.

> 내 영혼아, 주님을 찬송하여라. 마음속으로부터 그 거룩하신 이름을 찬송하여라.
> 내 영혼아, 주님을 찬송하여라. 주님이 베푸신 모든 은혜를 잊지 말아라.
> 주님은 너의 모든 죄를 용서해 주시고, 모든 병을 고쳐 주신다.
> 생명을 파멸에서 속량해 주시고, 사랑과 자비로 복을 베풀어 주신다.
> 평생을 좋은 것으로 흡족히 채워 주시고, 네 젊음을 독수리처럼 늘 새롭게 해주신다.
> 주님은 억압받는 모든 사람에게 의롭고 공정하게 대하신다(1-6절).

시편 30편 역시 감사의 시로 여러 가지 어려움에서 건져 주신 하나님에 대해 간증하고 건강을 회복시켜 주심을 감사하고 있다.

주님, 주께서 나를 건져 주시고, 내 원수가 나를 비웃지 못하게 해 주셨으니, 내가 주님을 우러러 찬양하렵니다.
주, 나의 하나님, 내가 주님께 울부짖었더니, 주께서 나를 고쳐 주셨습니다.…
주께서는 내 슬픔의 노래를 기쁨의 춤으로 바꾸어 주셨습니다. 나에게서 슬픔의 상복을 벗기시고, 기쁨의 나들이옷을 갈아입히셨기에 내 영혼이 잠잠할 수 없어서, 주님을 찬양하렵니다. 주, 나의 하나님, 내가 영원토록 주께 감사를 드리렵니다(1-2, 11-12절).

당신은 이런 시편들을 통해서 하나님이 주신 여러 가지 복과 은혜를 발견하고 감사하는 마음을 표현할 수 있을 것이다.

4. 간구 그렇다면 우리의 개인적인 필요와 다른 사람들의 필요에 대해서는 어떻게 할 것인가? 우리가 받는 스트레스와 마감 시간이 닥친 일들에 대해서는? 간구는 겸손하고 간절하게 구하는 것이다. 이와 같이 경건하고도 열렬한 기도는, 우리의 요청을 하나님 앞에 들고 가 그분의 은혜로운 응답을 받게 한다. 시편에는 이런 경우가 자주, 또 적극적으로 나타나 있다. 시편 5편에 나오는 다윗의 기도는 당신에게 격려가 될 것이다.

주님, 나의 말에 귀를 기울여 주십시오. 이 하소연을 살펴 주십시오.
이 탄식 소리를 귀담아 들어 주십시오. 나의 임금님, 나의 하나님,
내가 주님께 기도를 드리니,
주님, 새벽에 드리는 나의 기도를 들어 주십시오. 새벽에 내가 주
님께 사정을 아뢸 준비를 하고 기다리겠습니다(1-3절).

시편을 하루 한 편씩 읽어 보라. 그리고 하나님이 선택하신 주제에 대해서 하나님이 먼저 대화를 여시도록 해 보라. 당신도 적절한 방법으로 그에 응답하게 될 것이다.

기도에 대한 논의를 하다 보면 이내 기도 응답이라는 문제가 대두된다. 간구와 기도는 우리 자신이나 다른 사람들을 위해 하나님께 무엇인가를 요청하는 것이다. 병에 걸렸을 때, 중요한 결정을 해야 할 때, 빚 갚을 돈이 필요할 때, 우리는 기도한다. 우리는 이러한 필요들을 하나님이 언제, 어떻게 공급하실지, 아니 공급하기는 하시는 건지 궁금해한다.

이런 궁금증을 갖는 것은 정당하지만 '앤드류 신부'로 잘 알려진 헨리 하디$^{Henry\ Hardy,\ 1869-1946}$는 조금 다른 관점에서 이야기한다. 그는 「친구이신 그리스도」$^{Christ\ the\ Companion}$에서 다음과 같이 말한다.

우리가 더 기도할 수 있도록 힘을 주시는 것이야말로 가장 큰 기도 응답이다. 우리는 우리의 기도가 응답되었는지보다는, 우리의 기도가 제대로 응답을 하고 있는지에 대해 더 많이 생각해야 한다.…하나님이 주실 수 있는 가장 큰 선물은 기도하는 가운데 인내하는 힘이다.

1. 시편으로 기도할 때 얻는 가장 큰 유익은 무엇입니까? 한 주 동안 앞에서 인용한 시편들을 가지고 기도해 보지 않겠습니까?

2. 당신이 응답을 기대하며 아뢰고 있는 기도 제목은 무엇입니까? 앤드류 신부의 말은 이 문제에 대해 어떤 시각을 제시해 줍니까?

3. 기도할 때 ACTS 공식을 활용할 방법을 생각해 보십시오.

우리가 생활 속에서 잃어버린 삶은 어디 있는가?
우리가 지식 속에서 잃어버린 지혜는 어디 있는가?
우리가 정보 속에서 잃어버린 지식은 어디 있는가?

T. S. 엘리엇

12

진정한 안식일

여가의 진정한 의미와 목적은 무엇이며,
여가를 통해 좀더 풍성하고 균형 잡힌 삶을 누리려면
어떻게 해야 하는가?

어떤 사람이 '여가 시간'에 읽을 만한 책이나 볼 만한 영화를 추천해 주면 당신은 어떻게 반응하는가? "여가라고요? 도대체 그게 뭔데요?"

어떤 면에서 여가란 이솝 우화에 나오는 코끼리와 같다. 어느 날 세 명의 시각 장애인이 마을 변두리에서 이상한 동물과 마주쳤다. 그들은 손으로 조심스럽게 이 동물을 만져 보고 다시 모여서 각자 발견한 것을 이야기했다. 어금니를 만졌던 첫 번째 사람은 "코끼리는 딱딱하면서 도자기같이 매끈해"라고 말했다. 피부를 만졌던 두 번째 사람은 "아니야. 코끼리는 다듬지 않은 가죽처럼 거칠어"라고 했다. 꼬리를 만졌던 사람은 "그 짐승은 굵은 밧줄 같던 걸" 하고 말했다.

여가도 마찬가지다. 우리는 각자의 경험에 따라 여가를 다르게 인식한다. '시간'이 그러한 것처럼 한 가지 정의가 모든 경우에 다 들어맞을 수는 없다.

그러나 여가에 대한 정의가 다양하더라도 한 가지 공통점이 있다. 그 의미가 주로 일과 관계가 있다는 것이다. '비번인 시간', '자유 시간', '여유 시간', '휴가' 등이 그것이다. 사전도 여가를 정의하면서 이런 측면을 강조하고 있다. "시간이 소모되는 임무, 책임, 혹은 활동 등에서 벗어나…마음대로 할 수 있는 시간." 그 정의가 근본적으로 소극적인 표현, 즉 우리를 구속하고 있는 어떤 임무나 책임에서 '벗어난 자유'라는 것에 주목하라.

그러나 이런 정의는 **"무엇을 위한 자유인가?"** 라는 핵심적인 질문을 제기한다. 진정한 자유는 그것의 목적과 올바른 사용이라는 측면에서 이해해야 한다. 단순히 어떤 제약에서 벗어난 상태가 자유는 아니다. 마찬가지로 여가의 의미도 여가의 목적에 맞게 이해해야 한다.

우선 성경에는 우리가 생각하는 '여가'에 해당하는 단어가 없다. 헬라어 '유카이레오'*eukaireō* (막 6:31에 단 한 번 나온다)는 어떤 일을 하기에 '좋은 기회를 갖다'라는 뜻을 가지고 있다. 그러나 성경의 저자들은 '휴식'에 대해 많은 것을 이야기하고 있다. 창세기 1장의 창조 기사는 하나님을 엿새 동안 매일 자신의 임무를 완수하고 일곱째 날에 **쉬며**, 자신이 만든 모든 것이 심히 좋다고 만족해하는, 한 사람의 일꾼으로 묘사하고 있다.

이는 이스라엘 사람들이 일하는 방식에 대한 본보기로서, 출애굽기 20:8-11에 나오는 제4계명의 기초가 되었다. "안식일을 기억하여 그날을 거룩하게 지켜라. 너희는 엿새 동안 모든 일을 힘써 하여라. 그러나 이렛날은 주 너희 하나님의 안식일이니, 너희는 어떤 일도 해서는 안 된다.…이는, 내가 엿새 동안 하늘과 땅과 바다와 그 안에 있는 모든 것을 만들고, 이렛날에는 쉬었기 때문이다. 그러므로 나 주가 안식일을 복 주고, 그날을 거룩하게 하였다." 또 안식일은 이스라엘 사람들이 애굽의 속박에서 구원받은 것을 기억하게 해주는 날이기도 하다 (신 5:15). 그리고 이날은 일에서 **벗어난**^from '자유' 시간이라는 요소뿐 아니라, 기념과 축제를 위한 시간, 즉 **카이로스**적인 사건과 행사를 **위한**^for 시간이라는 요소도 가지고 있다.

안타깝게도 신약 시대에 와서 이날의 안식적인 성격은 율법주의 때문에 많이 퇴색되었다. 수많은 세부 율법 조항은 안식일에도 꼭 할 수밖에 없는 최소한의 일들을 규정해 놓았다. 역설적으로 안식일에 아무 일도 하지 않는 것이 가장 힘든 일이 되어 버렸다! 이것은 또 다른 종류의 속박이었다.

초대교회 시절에는 비록 유대인의 안식일(토요일)이 매주 첫날(일요일)로 바뀌기는 했지만 예배를 드리기 위해 매주 모이는 원칙은 지속되었다. 구약의 의식(儀式)적인 예배는 간소한 형태로 바뀌었다. 물론 주일 이외의 날에도 예배를 드릴 수 있었다(골 2:16). 교회가 퍼져 나가면서 다양한 문화 양식이 예배의 질을 높였다.

우리는 서구의 산업 혁명이 시계를 통하여 우리의 일과 생활을 어떻게 통제해 왔는지 살펴보았다. 일에서 벗어나 미리 계획된 휴가를 갖는 것은, 시간을 측정 가능하다고 보는 직선적인 관점에 근거하고 있다. 그러나 진정으로 여가를 이해하는 것은 이런 관점을 뛰어넘어 '질적인 시간'이라고 말하는 또 다른 차원에까지 이르는 것이다.

여가는 시의 적절한 사건이나 기회로서, 어떤 결정이나 행동 혹은 재미를 추구하는 특별한 때를 말한다. 여기서 강조하고 있는 것은 그에 필요한 시간의 양이 아니라 질이며, 시간의 길이가 아니라 그 가치다.

진정한 레크리에이션

이솝의 코끼리 우화처럼 현대인의 여가는 다양한 모습을 지니고 있다. 여가는 우리의 신체적·정서적 밧데리를 충전하는 것 이상이다. 여가란 근본적으로 '레크리에이션'recreation이며, 즐거움이나 게임이라는 일반적인 의미의 놀이가 아니라 원래의 의미, 즉 '재창조'다. 진정한 여가는 그 사람에게 성취의 요소를 제공한다.

일이란 다른 사람을 위해 하는 것이며, **여가란 자신을 위해 하는 것**이라는 말이 있다. 지나친 단순화이기는 하지만 이 설명은 중요한 차이점에 초점을 맞추고 있다. 당신이 다른 사람을 위해 일할 때는 '업무 설명서'와 함께 당신에게 기대하는 성과와 일정을 받게 된다. 자영업자인 경우에도 감당해야 할 의무는 있다. 당신은 당신에게 의존하고 있는 사람들이 필요로 하는 일을 '수행'하도록 요구받고 있는 것이다.

반면 진정한 '재창조'를 위해서는 여가 활동을 잘 선택해야 한다. 처음 선택 단계뿐 아니라 실행 단계에서도 이 원칙을 적용해야 한다. 그렇지 않으면 당신은 관성적으로, 어떤 결과를 만들어 내야 한다는 압박감 때문에 계획표에 휘말리게 된다. 그렇게 되면 여가의 가장 중요한 가치인 **'좀더 온전한 사람이 되는 것'**을 놓치게 된다. 꽉 짜인 생활 패턴 속에서 쉼을 누리고자 했던 어떤 부부는 게임을 즐겨 했다. 그러나 너무 진지하게 경쟁적으로 게임을 했기 때문에 얼마 지나지 않아 지쳐서 그만두고 말았다! 좀 다른 성격의 여가 활동을 선택했으면 좋았을 텐데….

많은 사람들이 점점 늘어나는 압박으로 인해 여가 시간을 빼앗기고 있다. 그러나 근본적인 문제는 시간 부족이 아니라 우리의 자세와 우선순위다. '자유 시간'이나 '여유 시간'이라는 말은 우리가 여가를, 여가 자체가 아니라 우리의 일과 관련해서 평가하고 있음을 말해 준다. 우리는 여가가 일을 더 잘 할 수 있도록 해주는 정도의 것이라는 생각에서 벗어나야 한다.

적당한 기간의 제대로 된 여가는 삶의 일상적인 리듬에서 해방될 기회를 제공한다. 이때 우리는 인생에서 어떤 부분들이 무시되거나 피폐해졌는지 좀더 분명히 알게 된다. 한 인간으로서 나는 누구이며, 지금까지 어떤 길을 걸어 왔으며, 또 어디로 가고 있는지 반추해 보는 기회를 갖게 되는 것이다.

어떻게 여가 시간을 할애하고 사용할 것인가?

우리는 계획표에 여가 시간을 미리 마련해 두어야 한다. 여가는 그만큼 중요한 것이다. 달력에다가 '휴식과 레크리에이션'을 위한 시간을 미리 표시해 두고, 목숨을 걸고 지키라. 양적인 시간이 충분하지 않으면 질적인 시간도 없다. 그 기간은 상황에 따라 한 시간일 수도 있고 한 주나 두 주일 수도 있다.

그러나 여가 시간은 높은 우선순위에 있어야만, 당시에는 별로 중요해 보이지 않는 이 여가 시간으로 급한 일이 들어와 그 시간을 잠식하는 것을 막을 수 있다. 현재 당신은 여가 시간을 전혀 가질 수 없는, 일시적인 위기 상황에 있을 수도 있다. 그렇다 하더라도 잠깐 쉴 틈이 날 때, 여가 시간을 미리 계획해 두라. 그때를 기다리는 것만으로도 현재의 압박감을 어느 정도는 이겨낼 수 있을 것이다.

여가를 실천하려면, 우리의 필요와 사용 가능한 자원간의 균형이 맞아야 한다. 우리는 이런 질문을 던져야 한다. "아직 발휘되지 않은 나의 능력을 이끌어내면서 내게 만족을 줄 수 있는 활동은 무엇인가? 그중에서 내게 있는 자원으로 할 수 있는 것들은 무엇인가?" 그 대답은 질문을 하는 사람들의 수만큼이나 다양할 것이다.

당신이 할 수 있는 활동을 신중하게 선택하라. 이미 마감 시간을 맞추어야 할 일이 있으면서도 시간표를 빡빡하게 짜서 또 다른 마감 시간을 추가하고픈 유혹은 피해야 한다. 여가는 근본적으로 일에서 놓치고 있는 것들을 보상받는다는 차원 이상의 것이어야 한다. 결과적으로는 그런 면도 있겠지만 말이다. 여가 시간에는 **'지금 이 시간에는 다른 뭔가를 꼭 하고 있어야 하는데'**라고 생각하지 않도록 주의하라. 무엇이든 당신이 좋아하고 당신을 기분 좋게 해줄 수 있는 것을 하라.

그다지 많은 시간이나 돈을 필요로 하지 않는 좋은 레크리에이션들도 있다. 하나님의 창조 세계는 광범위하고 다양한 놀이의 기회를 제공한다. 어느 지역에 사는지에 따라서, 당신은 숲 속으로 드라이브를 갈 수도 있고, 바닷가를 걸을 수도 있으며, 해맑은 날 도시 공원의 벤치에 앉아 낙엽과 새와 하늘을 즐길 수도 있다.

날씨나 계절에 관계 없는 창조적인 재능을 개발함으로써 성취감을 얻을 수도 있다. 악기 연주를 배울 수도 있고, 작곡을 하거나 시를 지을 수도 있으며, 목공(木工), 스테인드글라스, 도자기 만들기, 화초 가꾸기, 사진 찍기, 그림 그리기, 그 밖의 어떤 것이든 당신이 즐길 수 있는 것이면 된다. 여러 종류의 취미들은 당신의 기질에만 맞는다면 기분을 전환해 주고 창조적인 활동을 통해 개인적인 만족감을 얻게 해준다.

또한 여가는 가족이나 친구들과의 관계를 증진하는 기회, 즉 현재의 피상적인 만남을 뛰어넘는 기회를 제공한다. 앞에서 언급한 활동을 함께하면서 관계를 돈독히 할 수도 있다. 때론 사치스런 일이라고 생각해서 하지 않았던 일을 할 수도 있고, 여럿이 둘러앉아 몇 시간이고 이야기를 나눌 수도 있다.

여가뿐만 아니라 매일의 경건의 시간에서도 가장 큰 적은 바쁨에 대한 현대의 우상숭배다. 사회는 우리의 가치를 재산과 명예라는 잣대로 평가하도록 부추기고 있다. 이런 것들을 추구하다 보면 우리는 결코 만족이 없는 행동주의activism로 인해 깨어 있는 시간 내내 바빠진다.

여가는 단지 생계를 유지하는 것이 아니라 진정한 삶을 사는 것에 더 강조점을 둘 수 있는 독특한 기회를 제공한다. 이 시간은, 우리가 누구이며 우리에게 가장 중요한 것은 무엇인가 하는 질문에 대해 '멈추어, 주위를 살피고, 귀기울여 듣게' 한다. 이 시간은 업무 목표 달성도를 평가하는 시간이 되어서는 안 된다. 삶의 다른 차원을 탐색하고 우리의 전 인격에 대해 생각하는 시간이 되어야 한다. 이 시간은 예수 그리스도의 주되심 아래서 우리 삶을 관리해 가면서 좀더 균형잡힌 인생을 살게 하는 계기가 되어야 한다.

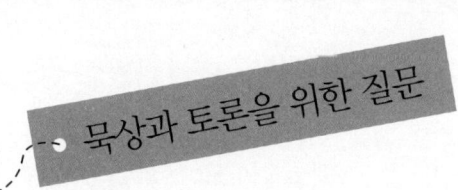

1. 당신은 그 동안 여가를 어떻게 생각해 왔습니까?

2. 당신이 '진정한 레크리에이션'으로 삼고 싶은 일은 무엇입니까?

3. 지금 당장 당신의 삶에서 여가 시간을 창출하고 활용할 수 있는 세 가지 방법(아주 사소한 것이라도)을 적어 보십시오.

내 달력에는 오직 이틀만이 있을 뿐이다.
'오늘'과 주님이 다시 오시는 '그날.'

마르틴 루터

13

지금 이 순간에 충실한 삶

현재를 소중히 여기는 법을 배움으로써
주님 오시는 그날을 소망하며 오늘을 충실히
살기 위해서는 어떻게 해야 하는가?

오전 여섯 시쯤 전화벨 소리에 잠이 깼다. '누가 이렇게 이른 아침에 전화를 하는 거지?' 전화를 받자 수백 킬로미터나 떨어진 곳에 계신 어머니의 목소리가 전화선을 타고 들려왔다. "지난밤 너희 아버지가 다시 심장마비를 일으켜 조금 전에 돌아가셨단다."

충격적인 소식이었다. 두 달 전 부모님을 찾아뵈었을 때만 해도 재발의 조짐 없이 건강해 보이셨는데….

비행기를 타고 동부로 가면서 나는 어머니가 이 갑작스런 슬픔에 어떻게 대처하고 계실지 궁금했다. 장남인 나는 어머니와 다른 가족들을 위로해야 할 입장에 있었다. 그러나 어떻게 해야 할지 몰랐다. 상투적인 위로의 말들은 공허하게 느껴졌다.

그러나 집에 도착한 나는, 도리어 어머니가 가족들에게 힘이 되고 있다는 사실을 깨달았다. 다른 사람들의 고통을 위로해 주는 사람도 어머니였고, 필요한 결정을 내리는 사람도 어머니였다. 자신의 일생 중 가장 힘든 상황에서도 어머니는 주님에 대한 흔들리지 않는 신뢰를 가지고 계셨다. 그 후 15년간 혼자 지내시는 동안에도 어머니는 내내 그런 태도를 유지하셨다.

나는 위기에서 발휘된 어머니의 믿음과 힘이 주님과 평생 맺어 온 관계에서 비롯된 열매임을 깨달았다. 내가 기억하는 어머니는 매일 성경을 읽고 그 말씀대로 사신 분이었다. 하나님을 향한 어머니의 신뢰는 경제적 어려움, 가족의 죽음, 두 아들의 참전과 같은 시련을 통과하면서도 변함이 없었다. 어머니에게는 인생의 도전을 이겨내고 미래를 준비하는 데 **현재가 가장 중요했다**.

이 마지막 장에서 우리는, 3세기가 지난 지금까지 영향력을 미치고 있는 뛰어난 그리스도인 두 사람의 본보기와 가르침을 통해 현재의 중요성을 살펴보고자 한다. 그리고 마지막으로 하나님을 알고 섬기는 사람들이 기다리고 있는 미래를 집중적으로 다룰 것이다.

과거와 미래

비록 우리가 현재를 사는 것에 몰두하긴 하지만, 과거의 기억과 미래에 대한 희망이 현재 활동에 영향을 미치는 것도 사실이다.

우리는 과거 속에 사는 사람들을 알고 있다. 대부분은 나이 든 사람들인 경우가 많다. 인생에서 중요한 활동을 하던 시절이 막을 내리고 있다. 그들은 몸이 쇠약해지는 것을 느끼면서, 종종 좋았던 일들과 힘들었던 일들을 회상한다.

사람들은 때로 과거의 잘못된 결정으로 참담한 결과를 맛보게 된다. 그래서 수십 년이 지난 후에도 그때의 경험을 떠올리면서, 고통스러운 회한에 젖어 스스로를 저주하는 경우도 있다. "그때 그렇게 어리석고 맹목적이고 완고하지 않았더라면…." 그러나 경기 장면을 되돌려 볼 때도 그렇듯이, 그때 일을 아무리 많이 되돌려 본들, 결과는 변하지 않는다. 그럼에도 그 기억은 계속 현재에 머무르며 우리를 옴짝달싹 못하게 할 수도 있다.

심령에 큰 고통과 상처를 준 경험일지라도 모든 질병을 치유하신 예수 그리스도를 통해 고침받을 수 있다. 그분은 이렇게 말씀하셨다. "나는 양들이 생명을 얻고 더 얻어서 풍성함을 얻게 하려고 왔다"(요 10:10). 그러나 설령 치유된다 하더라도 그 경험은 여전히 현재에 영향을 미칠 수 있다.

미래에 대한 잘못된 관점도 마찬가지다. 우리 대부분은 미래에 좀더 나은 그리스도인이 될 것을 기대한다. 예를 들어, 많은 사람의 존경을 받는 어른을 보면서 '나도 나이가 들면 저 사람처럼 되겠지. 사랑 많고, 친절하며, 선량하고, 인내심 있고, 신실한 사람 말이야'라고 생각한다. 그러나 우리와 동년배거나 혹은 더 어린 사람 중에서 그런 사람을 만나게 되면, 이처럼 자기만족적인 우리의 생각은 완전히 구겨지고 만다. 우리는 시간이 흐른다고 해서 사람이 변하는 것은 아니라는 사실을 깨닫는다.

토마스 아 켐피스Thomas à Kempis, 1388-1471의 말을 들어 보자.

나이를 먹는다고 해서 저절로 좋은 사람이 되는 것은 아니다. 오히려 행동은 나아지지 않고 죄책감만 가중될 수 있다. 단 하루만이라도 제대로 살 수 있다면 얼마나 좋겠는가? 자신이 회심한 날짜를 기억하는 사람은 많지만, 삶 가운데서 회심의 증거를 보여 주는 사람은 별로 없다.

미래에 어떤 기회나 위기가 찾아왔을 때 갑자기 능력 있게 대처할 수 있을 거라는 생각은, 잘못된 기대의 또 다른 형태다. 우리는 그런 기회가 '그 상황에 의연하게' 대처할 수 있는 힘과 용기를 줄 것이라고 생각한다. 그러나 큰 사고를 당하거나 가족이 죽음을 맞는 등 인생에 위기가 닥치면 믿음이 흔들릴 수 있다. 그 순간에는 어떤 말도 소용이 없다. 또한 어떤 위로나 지혜도 얻을 수 없다.

우리는 위기 자체가 우리를 변화시키는 것이 아니라, 단지 이미 있던(혹은 없던) 것을 있는 그대로 드러낼 뿐이라는 사실을 뒤늦게야 깨닫는다. 기회가 새로운 성품을 부여하는 것은 아니다. 다만 우리가 하루하루 어떤 사람으로 만들어져 왔는지를 보여 줄 따름이다. 예를 들어, 전쟁터에서는 영웅이나 비겁자가 **만들어지는** 것이 아니라 **드러날** 뿐이다. 그래서 때로, 평소에는 전혀 그럴 것 같지 않던 군인이 자기 소대원들을 이끌고 적의 포화 속으로 맹렬하게 뛰어드는 것이다.

우리는 현재에 충실하게 살아야 한다. 과거에 끌려다니거나, 미래에 일어날 일로 인해 혼란을 느낄 필요가 없다. 과거나 미래 속으로 도망하는 사람들에게는 한 가지 공통점이 있는데,

바로 현재를 효과적으로 사는 데 어려움을 겪고 있다는 사실이다. 과거로부터 배울 수는 있지만 시간을 되돌릴 수는 없다. 미래를 준비할 수는 있지만 미래는 아직 우리의 것이 아니다. 과거는 기억 속에만 살아 있으며, 미래는 상상 속에만 존재한다. 따라서 현재는 과거와 미래를 잇는 다리 이상의 무엇이 되어야 한다. **우리는 현재를 어떻게 살아갈 것인지 재발견해야 한다.** 우리의 손 안에는 오직 오늘, 이 시간만 있기 때문이다.

뛰어난 두 사람

약 300년 전에 살았던 두 사람은 이런 삶이 어떤 것인지 가르쳐 준다. 어떤 점에서 이들은 서로 닮았지만, 근본적으로는 아주 다른 영향을 끼쳤다.

두 사람은 비슷한 시기에 프랑스에서 살았다. 이들의 생애는 약 40년이 겹친다. 장 피에르 드 코사드 Jean Pierre de Caussade, 1675-1751는 76세에, 로렌스 형제 Brother Lawrence, 1611-1691는 80세에 죽었다. 이들의 가르침은 사후 작은 책으로 각각 소개되었다. 이 책들은 두 사람의 편지와 더불어, 이들과 대화를 나눈 사람들이 덧붙인 글로 구성되어 있다. 각 책의 중심 메시지는 단순하지만 심오하다. **매순간 모든 일에 사랑이 동기가 되어 하나님께 전**

심으로 헌신하는 것이다.

이들이 받은 교육이나 사회적 지위 그리고 직업은 서로 매우 달랐다. 장 피에르 드 코사드는 대학을 졸업했으며, 신학 박사 학위를 받은 사람이었다. 긴 생애 동안 그는 교수, 행정가, 목사였으며, 교회와 국가의 고위층을 상대하는 중재자로 살았다. 반면 로렌스 형제는 정식 교육을 받지 못했고, 참담했던 '30년 전쟁'에 보병으로 참전했다. 그리고 인생의 후반기에는 가르멜Carmelite 공동체의 평수사(平修士)가 되어 그곳에서 요리사로 일했다.

현재의 성례전(聖禮典)

장 피에르 드 코사드는 프랑스 북동부의 화려한 도시, 낭시Nancy에서 수년 간 성모 방문 수녀회Visitation nuns의 책임자로 있었다. 그가 수녀들에게 보냈던 편지는 그가 피정 때 했던 설교들과 함께 잘 보존되어 있었다. 1861년, 그의 사후 약 1세기 만에 이 글들은 「자기포기」 Abandonment to Divine Providence, 은성출판사 역간라는 제목으로 출판되었다.

그때부터 백여 쪽 분량의 이 책은 많은 사람에게 영향을 끼쳤다. 그 주요한 이유는 코사드가 심오한 진리를 실제적인 일상 언어로 표현했기 때문이다. 그는 인간이란 그저 소소한 일을 하며 살아가는 평범한 존재임을 알고 있었다. 그리고 그 일이란 약간은 즐겁고, 대부분은 지루하며, 때론 비극적이기도 한 그런 것임을 잘 알고 있었다. 그러나 우리는 하나님이 우리에게 일어나는 이런 일상적인 일들을 통해서 말씀하신다는 것을 깨달아야 한다. 아무리 이해하기 어렵다 해도, 매순간 일어나는 사건에는 하나님의 뜻이라는 도장이 찍혀 있다.

다음과 같은 원칙이 코사드의 핵심적인 메시지다. "우리 자신을 완전히 하나님께 내던지고 나면 우리에게 남는 것은 단 하나인데, 그것은 **지금 이 순간에 대한 의무**다." 과거는 지나갔으며 미래는 아직 오지 않았다. 과거와 미래에 대해 우리가 할 수 있는 것은 아무것도 없다. 그러나 순간순간 일어나는 현재는 우리가 다룰 수 있다.

"현재에 대한 의무가 실제적으로 의미하는 바는 무엇인가?"라는 질문을 하는 사람도 있을 것이다. 이에 대해 코사드는 세 가지 의무를 말한다. 현재의 상황을 받아들이기, 맡겨진 일을 수행하기, 성령께 반응하기다.

1. 현재의 상황을 받아들이기 그는 이것을 '현재의 성례전'이라 부른다. 성례전이란 '내적 은혜에 대한 가시적 징표'라고 정의할 수 있다. 현재의 모든 상황을 하나님의 뜻이라 여기며

기쁘게 받아들여야 한다는 것이다. "하나님을 사랑하는 사람들, 곧 하나님의 뜻대로 부르심을 받은 사람들에게는, 모든 일이 서로 협력해서 선을 이룬다"(롬 8:28). 이는 수동적인 운명론이 아니라, 적극적인 믿음이다.

2. 맡겨진 일을 수행하기 여기서 가장 기본적인 일은 거룩한 삶을 살라고 하시는 하나님의 분명한 뜻에 순종하여 그리스도인다운 성품과 도덕적 행동을 이루는 것이다. 우리에게 맡겨진 다양한 종류의 일들이 무엇이든 간에 매일 그것을 수행해야 한다. "지금 이 순간에 당신에게 주어진 의무를 사랑하고 순종할 뿐, 나머지는 모두 하나님께 맡기라."

3. 성령께 반응하기 코사드가 가르쳐 주는 세 번째 의무는, "하나님이 우리들의 마음을 움직이시기 위해 사용하는 모든 상황에 순종하는 것"이다. 이는 규칙의 지배를 받는 것이 아니라 성령을 따르는 것이다. 성령은 충고가 필요한 친구를 나에게 인도하실 수도 있고, 내가 다른 사람에게 도움을 청하도록 인도하실 수도 있다. 그분은 우리에게 생명의 말씀을 주신다. 다른 사람에게 하는 모든 말은 성령으로부터 와야 한다. 코사드는 이러한 삶을 항해에 비유한다. "바람이 이리저리 불 때, 우리는 오직 순간순간 그 방향을 알 수 있다."

우리는 성경과 경험을 통해 그리스도인다운 삶에 대한 지식을 얻는다. 하나님이 보내 주신 사람들의 마음을 감동시키기 위해서는 경험이 매우 중요하다. 성령의 인도를 받은 경험이 없다면 우리는 마치 누룩이나 소금 빠진 반죽과 같을 것이다.

그러므로 하나님의 뜻을 받아들이는 것은 체념이 아니라 **적극적인 포용**이다. 주어진 일을 수행하는 것도 강제적인 순종이 아니라 **사랑의 수고**다. 이것이야말로, 계획된 것이든 계획에 없던 것이든, 모든 일 가운데서 우리를 능하게 하시는 **성령에 대한 반응**이다.

> 하나님의 뜻보다 더 합리적이고, 더 탁월하며, 더 거룩한 것은 없다.…삶의 모든 순간에서 그분의 임재를 발견하는 법을 배운다면, 당신은 가장 귀하고 가치 있는 비밀을 소유하게 된다.…현재의 순간은 항상 측량할 수 없는 부요함으로 넘쳐난다.

하나님의 임재

18세 때 회심한 니콜라스 허만Nicholas Herman은 하나님의 섭리와 능력을 고귀하게 여겼고, 이는 그의 내면에 하나님을 향한 사랑을 불붙였다. 55세에 그는 파리에 있는 '맨발의 가르멜 수도회'Carmelite Dechausses에 평수사로 받아들여져 그곳 주방에서 일했다. 그때부터 그는 로렌스 형제로 알려지게 되었다.

그의 영적 영향력은 노와이유 추기경 Cardinal de Noailles 의 대주교 대리인 보포르 M. Beaufort 의 귀에 들렸고, 그는 1666년 8월 3일 로렌스 형제를 방문했다. 이런 고위직 사람이 일개 수도원 요리사를 방문한 것을 보면, 그에게 무언가 남다른 점이 있었음이 틀림없다. 수개월에 걸쳐 이루어진 네 번의 대화 중 첫 대화에서 로렌스 수사는, 자신의 영적 생활은 하나님을 귀히 여기는 태도에 기초하고 있다고 설명했다. 그의 유일한 관심은 모든 행동을 하나님에 대한 사랑으로 하는 것이었다.

대화를 마치며, 겸손의 모델인 이 요리사는 보포르에게 "당신의 목적이 진지하게 하나님을 섬기는 것이라면, 오고 싶은 만큼 자주 오시더라도 저는 아무 불편이 없습니다. 하지만 그게 아니라면, 또 오시지 마십시오"(「하나님의 임재 연습」 The Practice of the Presence of God, 좋은씨앗 역간)라고 말했다. 이 말을 들은 보포르는 분명 크게 놀랐을 것이다.

대주교 대리는 집으로 가서 그 대화를 기록했다. 그리고 그해 9월 28일에 다시 로렌스 형제를 찾아왔고, 그 후 세 번을 더 방문했다. 로렌스 형제가 한 말을 기록한 열여덟 쪽에 달하는 글과 그가 쓴 열여섯 통의 짧은 편지는, 1691년 2월에 그가 죽은 뒤 일 년 후에 한 권의 책으로 출간되었다. 책 제목은 로렌스 형제의 핵심 명제였던 "내가 만일 설교가라면 나는 다른 무엇보다도 **하나님의 임재 연습**에 관해 설교했을 것이다"에서 따왔다. 불어로 출간된 그 책은 이후 수많은 언어로 번역되었다.

"이 말이 무슨 의미이지? 도대체 어떻게 해야 한다는 거야?"라고 묻는 사람이 있을지 모른다. 로렌스 형제는 결코 어떤 절차나 방법을 제시하지 않는다. 그는 이런저런 실천 방법을 제시하는 많은 책을 읽었으나 오히려 더 혼란스럽고 낙심만 되었다고 말한다. 그래서 그는 단순히 "그분의 사랑에 대해 내 편에서 할 수 있는 최선으로서 나 자신을 하나님께 드리기로 했다"고 말한다. 그러고 나서 이런 헌신을 일상생활 속에서 어떻게 실천해야 하는지 말해 준다.

1. 하나님의 뜻에 헌신하기 하나님에 대한 사랑에서 우러나오는, 하나님을 귀히 여기는 태도는 고통 속에서나 평안 속에서나 주저함 없는 헌신을 불러일으킨다. 여기서 우리는 사도 바울이 말한 "여러분의 몸을 하나님께서 기뻐하실 거룩한 산 제물로 드리십시오"(롬 12:1)라는 강한 권면을 되새기게 된다.

로렌스 형제는 "**이해**라는 행동과 **의지**라는 행동을 구분해야 한다"고 경고하고 있다. 그리스도인의 삶에서 가장 중요한 문제는 지적인 동의가 아니라 순종의 행위다. 사실, 하나님의 뜻을 행하고자 하는 욕구야말로 진리를 아는 데 가장 중요한 열쇠가 된다(요 7:17).

2. 하나님과의 대화 하나님의 임재를 실천하려면, 하나님이 우리와 아주 가까이 계신다는 것을 더욱더 의식해야 한다. 로렌스 형제는 늘 하나님과 대화함으로써 그분의 임재에 대한 감각을 다져나갈 수 있다고 지적한다. "우리는 아주 단순하게 하나님과 함께 행동해야 합니다. 하나님께 솔직하고 평이하게 말씀드리고, 또 우리에게 어떤 일이 생길 때마다 하나님의 도우심을 간구하면서 말입니다." 이런 대화 속에서 우리는 또 "하나님의 무한한 선하심과 온전하심에 대해 끊임없이 찬양하고, 사모하고, 사랑해야" 한다.

로렌스 형제에게는 정해진 기도 시간이나 다른 시간이나 별 차이가 없다. 기도 외의 활동 가운데서도 하나님과 늘 함께했기 때문이다. 그에게 기도는 세상으로부터의 도피, 즉 일상생활에서 벗어난 '성스러운' 시간이 아니었다. 사랑이라는 동기로 행한 모든 일, 그 자체가 일종의 기도이기 때문이다.

3. 일상적인 활동 그렇다면 로렌스 형제는 천성적으로 아주 싫어했던 부엌일 같은 '일상적인 일'을 어떻게 할 수 있었을까? 일을 시작할 때 그는 하나님의 임재 속에서 일할 수 있도

록, 그리고 자신의 임무를 잘 감당할 수 있도록 은혜를 구하는 기도를 한다. 일하는 동안도 창조주와 계속 대화하면서 그분의 임재를 즐긴다.

압박을 받는 상황에서도 평안했던 그의 모습은 그의 말보다 훨씬 더 영향력이 있었다. 그는 "부엌의 소음과 딸그락거리는 소리, 여러 사람이 각자 뭔가를 찾느라 지르는 소리 가운데서 나는 마치 복된 성례전 앞에 무릎 꿇고 있는 것처럼 아주 고요한 중에 하나님을 소유하고 있다"고 말한다.

4. 죄와 실패 그렇다면 가장 경건한 사람도 어쩔 수 없는 연약함은 어떻게 할 것인가? 헌신에서의 실패, 어지러운 마음, 제대로 도움을 구하지 못하는 것 등은 어떻게 한단 말인가? 로렌스 형제의 대답은 명확하다. "우리는 두려워하지 말고 예수 그리스도의 피를 통한 죄의 용서를 기대하면서, 다만 전심으로 그분을 사랑하고자 애써야 한다.…우리는 온전한 확신을 가지고 그분의 은혜를 간구해야 한다."

우리는 하나님의 임재를 끊임없이 연습하되, 요행을 바라는 마음으로가 아니라 작은 것부터 하나씩 해 나가야 한다. 하나님을 위해 작은 일, 그분을 경배하는 내면의 행사를 하도록 하자. **행동의 가치는 규모에 있는 것이 아니라 동기, 즉 하나님에 대한 사랑에 있다.**

성령의 미풍을 소유한 사람은 자는 중에도 앞으로 나아간다. 영혼의 배가 아직 바람과 폭풍에 흔들리고 있다면, 그 배 안에서 쉬고 계시는 주님을 깨우자. 그러면 주님은 곧 바다를 잔잔케 하실 것이다.

로렌스 형제는 수도원에서의 삶 속에서 성과 속을 구분하는 비성경적인 장벽을 무너뜨린다. 모든 활동은 기도와 노동 속에서 하나님의 임재를 실천함으로써 거룩한 것, 즉 하나님을 섬기는 일에 드려진 것이 된다. 장 피에르 드 코사드가 '현재의 성례전'을 강조하는 것처럼 로렌스 형제는 '현재 일의 거룩함'을 강조한다. 이 둘은 동전의 양면과 같다.

1691년 2월 6일에 쓴 마지막 편지에서 로렌스 형제는 다음과 같이 말하고 있다.

우리가 하는 모든 일이 하나님을 **알기** 위한 것이 되게 하자. 그분을 많이 알면 알수록, 우리는 그분을 더 많이 **알고 싶어진다.**……우리의 **지식이** 더 깊어지고 넓어질수록 우리의 **사랑도** 점점 더 커질 것이다.……나는 하나님의 자비하심으로 며칠 내에 그분을 뵙는 은혜를 입기 원한다. 서로를 위해 기도하도록 하자.

로렌스 형제는 이틀 후 몸져눕더니, 일주일이 채 못 되어 하늘의 부르심을 받았다.

복된 소망

인생은 일방통행이다. 우회로를 택한다 해도 결코 되돌아갈 수 없다. 그러므로 우리는 바로 지금, 우리의 존재와 소유를 가지고 최선을 다하는 법을 배워야 한다.

현재의 중요성을 깨달을 때, 우리는 실존하는 '지금'을 소중히 여기는 법을 배우게 된다. 그럴 때 또한 시편 기자처럼 "이날은 주님이 만드신 날, 우리 모두 주와 함께 기뻐하고 즐거워하자"(시 118:24)라고 노래하게 된다.

그러나 우리는 미래를 조망하며 오늘을 산다. "우리는 한 번에 하루씩만 산다. 그러나 그 하루 안에 영원을 살고 있는 것이다"(출처 불명). 사도 바울은 명령과 약속의 말씀 속에서 현재와 미래를 연결시킨다.

> 그 은총은 우리를 교육하여, 불경건함과 속된 정욕을 버리고, 지금 이 세상에서 신중하고 의롭고 경건하게 살게 합니다. 또 그것

은 우리로 하여금 복된 소망을 갖게 합니다. 곧 위대하신 하나님과 우리의 구주이신 예수 그리스도의 영광이 나타나기를 기다리게 합니다. 그리스도께서는 우리를 위하여 자기 몸을 내주셨습니다. 그것은…선한 일에 열심을 내는 당신의 백성이 되게 하시려는 것입니다(딛 2:12-14).

1. 당신의 경우, 현재가 아니라 과거나 미래에 살고 있는 삶의 영역은 어디입니까?

2. 하나님의 뜻에 자신을 헌신하며 살아야 한다는 코사드의 견해에 대해 어떻게 생각하십니까?

3. 당신이 오늘 겪는 일상적인 일들 속에서 어떻게 하면 로렌스 형제가 말하는 '하나님의 임재 연습'을 할 수 있겠습니까?

4. 그리스도의 재림에 관한 '복된 소망'이 오늘 당신에게 의미하는 바는 무엇입니까?

시간, 폭군인가 친구인가?

> 모든 일에는 다 때가 있다.
> 세상에서 일어나는 일마다 알맞은 때가 있다.
> 태어날 때가 있고, 죽을 때가 있다.…
> 울 때가 있고, 웃을 때가 있다.…
> 말하지 않을 때가 있고, 말할 때가 있다.
> 사랑할 때가 있고, 미워할 때가 있다.…
>
> 전도서 3:1-8

시간이란 무엇인가? 시계탑의 종소리인가? 긴박하게 '10…9…8…7…' 하면서 우주선 발사 카운트다운을 하는 소리인가? 봄, 여름, 가을, 겨울인가? 공원 벤치에 앉아 있는 노인의 주름진 얼굴인가? 아니다. 이런 것들은 그저 시간을 측정한 것, 시간의 경과를 나타내는 것이지 그것 자체가 시간은 아니다.

우리는 시간의 본질을 파악할 수 없다. 마치 바람을 볼 수 없는 것처럼 시간 역시 그 경과로만 알아볼 수 있다. 철학자들은 수학 공식을 가지고 시간을 정의해 보려 했지만 결국 그 해석들은 서로 충돌하고 말았다. 전혀 놀랄 일이 아니다! 어떤 사전은 한 면의 절반을 할애하여 시간의 정의를 서른 개 이상 소개하고 있다.

일상생활에서 우리는 아주 다양한 방법으로 이 단어를 사용한다. 측정 가능한 **상품**으로서의 시간은 획득하거나 만들어 낼 수 있는 것, 절약하거나 낭비할 수 있는 것, 현명하게 혹은 어리석게 사용할 수도 있는 것으로 취급되고 있다. 우리는 "그 사람은 시간이 남아돌아"라고 말하기도 하고, "나는 이 프로젝트에 많은 시간을 들였어" 혹은 "그가 내 오전 시간을 모두 빼앗아 가 버려서 아무것도 못했다니깐!" 하는 식으로 말한다.

시간은 또 **기회나 특별한 사건**, 즉 어떤 결정이나 행동을 하기에 **가장 적합한 시기에 일어난 일**로 생각되기도 한다. 또 시간은 **경험**일 수도 있다. 좋은 경험("그 시간은 내 인생의 황금기였어")일 수도 있고, 나쁜 경험("정말 힘든 시간을 보냈지")일 수도 있다. 때로 시간은 **행동**으로 묘사되기도 한다. 질질 끌려가거나 착착 진행되기도 하며, 날아가 버릴 수도 있다.

그러고 보면 모든 경우에 잘 들어맞는 단 하나의 정의를 내

린나는 것은 참으로 부질없는 일이다. 일상생활에서 사용되는 다른 언어들과 마찬가지로, 한 단어의 의미는 그 말이 사용된 특정한 상황과 용례에 따라 결정된다. 저자는 무엇에 대해 이야기하고 있으며, 그 단어는 어떻게 사용되고 있는가?

오늘날 시간에 대한 말들을 보면 대개가 일에 차질이 생겼거나 긴급하다는 암시를 준다.

"시간을 좀 내도록 노력해 보겠습니다."

"시간이 너무 없어요."

"도대체 시간이 어떻게 흘러가는 거야?"

역설적이게도, 현대 기술은 노동력을 절감하기 위해 많은 장치를 만들어 냈지만 시간은 더더욱 부족해진 것 같다.

여기서 우리는 시간의 용도 몇 가지를 간단하게 살펴볼 텐데, 시간의 본질을 정의하기보다는 **시간의 영향**을 설명하고자 한다. 이 점에 관하여, 서구의 가장 위대한 학자이자 경건하고 실천적인 그리스도인이었던 아우구스티누스에게서 단서를 얻고자 한다.

시간이란 무엇인가? 누가 쉽고 간단하게 시간을 설명할 수 있을까? 그러나 일상적인 대화 가운데 시간이라는 말보다 더 익숙하게, 그리고 잘 아는 듯이 말하는 단어가 또 어디 있는가? 물론 시간에 대해 말할 때 우리는 시간이라는 것을 잘 이해하고 있음이 분명하다. 그렇다면 시간이란 무엇인가? 이렇게 묻는 사람이 없을 때는 시간이 무엇인지 잘 알고 있는 것 같다. 그러나 누군가가 나에게 시간이 무엇이냐고 물어 보면, 나는 그저 모르겠다고 말할 수밖에 없다.

다시 말해 우리는 어떤 것, 예를 들어 전기나 중력 같은 것이 무엇인지 잘 이해하지 못하지만 그것들을 **이용할** 수는 있다. 또한 어떤 것에 대해서 그것이 **무엇이 아니라는** 식으로는 정의할 수 있다.

문화적 관점

우리는 미국인, 멕시코인, 필리핀인들이 가지고 있는 시간관념의 근본적인 차이와 그것이 일상생활에 미치는 영향에 대해 살펴본 바 있다. 이를 조금 더 요약, 비교하면 다음과 같다.

미래 지향적 문화 future-oriented culture 는 시계에 맞추어 살아간다. 이들은 목표를 설정하고, 그 목표를 달성하기 위한 계획을 수립하고, 시간표를 짜서 그에 따라 행동한다. 미래는 미래를 계획하는 자늘의 몫이다! 시간은 제한되어 있고 항상 줄어드는 자원이므로 소중히 여겨진다. 이런 문화 속에 있는 사람들은 다음과 같은 특성을 갖는다.

- 업무를 성취하기에 적절한 시간의 양을 설정한다.
- 목표를 세우고 이를 달성하기 위해 상세한 계획을 수립한다.
- 할당된 시간 안에 가능한 많은 일을 하기 위해 주의 깊게 회의를 계획한다.
- 할당된 시간의 시작과 끝을 정확히 지키는 것에 민감하다.

반면에 **사건 지향적 문화** event-oriented culture는 순간의 중요성에 초점을 맞추고 일이 완결되었다는 느낌을 중요시한다. 이 사람들은 누가 참석했으며, 어떤 일이 진행되고 있으며, 그 사건에 어떻게 하면 더 충실해질지에 관심을 갖는다. 이들은 다음과 같은 특성을 지닌다.

- 시간의 양에 대해서는 별로 관심이 없다.
- 상세한 계획도 없이 사람들을 불러 모으고, 어떤 일이 벌어지는지 지켜본다.

- 시간과 관계없이 어떤 문제나 아이디어를 해결해 나간다.
- 미래에 대해 구체적인 계획을 세우지 않고 현재를 산다.

그러나 실제로는 이 두 가지 관점이 다양한 비율로 뒤섞여 있는 것이 보통이며, 어느 한 쪽이 절대적이라기보다는 한 쪽으로 좀더 강조되었거나 치우쳐졌다고 보면 된다. 한 사회 내에서도 서로 다른 하부 문화에 따라, 또 각 개인의 삶에 따라 두 가지 관점이 다양한 형태로 뒤섞여 있다. 어느 정도 차이가 존재하더라도 이는 인간관계에 아주 중요하다.

최근 수십 년 간 시간에 관한 논의에서는, 시간의 또 다른 구분, 즉 서로 반대되는 의미로서 시계로 측정되는 **외적 시간**(모든 사람에게 동일하다)과 개인적인 경험이나 감정에 따라 정해지는 **내적 시간**으로 구분되고 있다. 다음은 이런 차이를 설명하기 위해 사용되는 용어들이다.

외적	내적
외부적	내부적
객관적	주관적
측정된 measured	경험된 lived

이런 용어들의 의미는 이 단어들을 사용하는 상황과 용례

에 따라 결정된다 예를 들어, 미네소타에 사는 두 사람이 겨울 휴가차 일주일 동안 버뮤다에 갔다고 하자. 그런데 휴가 내내 날씨가 흐리고 안개가 끼었다. 집으로 돌아오는 길에 이 두 사람은 그 여행과 편의 시설들에 대해 '외적 시간'상으로는 동일한 보고서를 제출했다. 그러나 이들의 '내적 시간' 보고서는 완전히 달랐다. 골프를 좋아하는 사람은 잔디에 눈이 덮이지도 않았고 날씨가 덥거나 끈적거리지도 않았기 때문에 매우 좋은 시간을 가졌다고 했다. 반면 일광욕을 좋아하는 사람은 끔찍한 일주일을 보냈다고 했는데, 휴가 기간 내내 맑은 하늘이라고는 조금도 볼 수 없었기 때문이다.

측정된 시간은 이들 두 사람에게 동일한 일주일이었다. 그러나 경험된 시간은 골프를 즐기는 사람에게는 쏜살같이 지나갔고 일광욕을 즐기는 사람에게는 느릿느릿하게 지나갔다. 각자의 내적 시간은 일정하게 가는 시계의 시간과 달리, 주변에서 또 내면에서 어떤 일이 일어나고 있느냐에 따라 달라진다.

시간과 동작

시간을 만능 해결사처럼 묘사하는 우리 사회의 화려한 은유는, 시간 자체는 아무것도

하지 않는다는 기본적인 사실을 가리고 있다. 오히려 시간은 **자연계의 동작과 변화를 측정하는 단위**일 뿐이다. 예를 들어, 하루는 지구가 축을 중심으로 한 바퀴 도는 것을 측정한 것이고, 일 년은 지구가 태양 주위를 한 바퀴 도는 것을 측정한 것이다. 속도 측정 단위의 반대편 끝에 있는 광년(光年)은 빛이 일 년 동안 갈 수 있는 거리를 말한다.

어떤 산에서 흘러내리는 시냇물이 당신의 소유지를 흘러 지나간다고 생각해 보자. 물은 밤낮으로 꾸준히 바다로 흘러간다. 흘러가는 물에 대해 당신이 할 수 없는 일부터 생각해 보자. 당신은 물을 빨리 흐르게 할 수도, 천천히 흐르게 할 수도, 혹은 거꾸로 흐르게 할 수도 없다. 흐르는 물의 양을 늘릴 수도 줄일 수도 없다. 그렇다면 당신이 이 시냇물로 할 수 있는 일은 무엇인가? 옷을 빨거나 물고기를 잡거나 수영을 할 수 있다. 혹은 수차(水車)를 설치하여 발전을 할 수도 있다.

자, 이제 그 냇물의 폭이 십오 미터 정도라고 생각해 보자. 땅 주인인 당신은 이 물로 발전을 하기로 결정한다. 그래서 냇물 이쪽 끝에서 저쪽 끝까지 다섯 개의 수차 발전기를 설치한다. 당신은 거기에서 나오는 전기 생산량이 꽤 될 것이라 기대한다. 그러나 실망스럽게도 냇물 가운데 있는 수차만 예측했던 속도로 돌아간다. 얕은 물가에 있는 수차는 느리게 돌아간다. 무엇이 문제인가? 물이 적은가? 아니다. 모든 수차가 동일하게 잘 돌아갈 것이라고 예상한 당신의 생각이 틀린 것이다.

대개의 비유가 그렇듯, 이 비유 역시 우리에게 중요한 교훈을 준다. 물의 흐름은 시간의 경과로 측정되는 다른 종류의 동작이나 변화와 비슷하다. **물이나 시간 자체가 그것을 어떻게 사용해야 하는지를 결정하는 것은 아니다.** 기대했던 효과가 나오지 않는 것은 비현실적인 계획 때문이지 우리에게 가해진 추력(推力)이 '부족해서'가 아니다. 우리의 세상과 삶 속에 있는 에너지 자원을 어떻게 관리할 것인지를 배워야 하는 것은 바로 우리 자신이다.

따라서 시간을 '골칫거리'라고 부르거나 '폭군'이라고 부르는 것은 잘못된 것이다. 이는 질병에 관심을 갖지 않고 그 증상에만 관심을 갖는 태도와 같다. 시간은 가치관과 목표에 따라 우리가 결정하는 활동의 동작과 변화를 측정할 뿐이다. 우리는 잘못된 일을 추진하거나, 혹은 옳은 일이라도 짧은 시간에 너무 많은 활동을 추구하기 때문에 긴장하고 좌절하게 된다.

우리가 그렇게도 원하는 균형을 잡기 위해서는 예수님의 초청을 귀담아 들어야 한다. "그러므로 아들이 너희를 자유롭게 하면, 너희는 참으로 자유롭게 될 것이다"(요 8:36). 아버지께서 우리에게 하라고 주신 일을 자유함 가운데 마치도록 하자 (요 17:4).

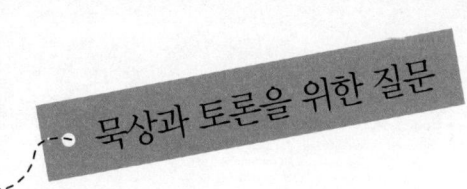

1. 현재 당신은 시간이 폭군으로 생각됩니까? 아니면 친구로 생각됩니까?

2. 당신이 계획하고 있는 특별한 행사나 이벤트가 있다면 말해 보십시오.

3. 당신의 내적 시간이 외적 시간과 아주 달랐던 몇 가지 경우를 말해 보십시오. 그 이유는 무엇이었다고 생각하십니까?

다음은 앞에서 살펴본 시간 관리의 네 단계를 실제로 적용해 볼 수 있는 자기 점검표이다. 각 단계의 핵심 내용을 다시 한 번 정리하며, 다음의 워크시트를 사용해 현재의 삶을 진단하고 변화를 모색해 보자.

부록

변화를 위한
자기 점검표

FREEDOM
FROM
TYRANNY OF

1단계: 우선순위를 정하라

늘 급한 일에 쫓기는 우리 삶의 딜레마는 시간 부족 때문이 아니라 우선순위의 문제다. 우리는 다른 사람들의 요구와 내면의 충동에 이끌려 정작 꼭 해야 할 일은 하지 못한다. 따라서 우리의 활동을 중요성과 긴급성으로 나누어 평가한 후 우선순위를 세워야 한다.

● 현재 당신이 해야 하는 일을 떠오르는 대로 열 가지 정도 적어 보라.

● 위에 적은 열 가지 목록을 중요성과 긴급성을 기준으로 분류하여, 아래 표의 적절한 범주 안에 넣어 보라.

	중요한 일	덜 중요한 일
급한 일		
덜 급한 일		

● 위의 분류표를 고려하여 1순위부터 10순위까지 새로운 실행 순서표를 만들어 보라. 순서를 정할 때는 당신 인생의 궁극적인 목표에 기여하는 정도를 고려해야 한다. 일주일 간 이 순서표를 엄격하게 지키라.

1. _____
2. _____
3. _____

4. _____
5. _____
6. _____
7. _____
8. _____
9. _____
10. _____

● 이번에는 당신의 삶의 주요한 영역(하나님, 가족, 이웃, 친구들과의 관계와 취미, 여가, 운동, 홀로 있는 시간 등 개인적인 필요를 포함)을 돌아보며, 무시되고 있거나 개선이 필요한 활동을 네다섯 가지 정도 생각해 보라. 그리고 그 활동을 이루기 위한 구체적인 실천 사항도 적어 보라. 하루, 일주일, 한 달에 몇 번 정도 실행하면 좋을지 빈도수를 결정하라.

개선이 필요한 일이나 관계	실천 사항	빈도

2단계: 시간 사용 현황을 조사하라

일단 우선순위가 세워지면 실제 시간 사용 현황을 조사하여 우리가 설정한 우선순위와 얼마나 일치하는지 점검해야 한다. 우리의 활동 양상은 습관화된 생활 방식, 삶의 목표, 가치관, 개인적 욕구를 반영한다. 현실을 직시하는 것에서부터 시작하라. 그럴 때에야 비로소 목표를 달성할 수 있는 계획표를 짤 수 있다.

● 이제 당신의 현재 시간 사용 현황을 조사해 보자. 30분 단위로 기록할 수 있는 아래의 점검표에 지난 일주일 간 당신이 한 모든 일을 빠짐없이 기록하라.

	일	월	화	수	목	금	토
오전6:00							
7:00							
8:00							
9:00							
10:00							
11:00							

	일	월	화	수	목	금	토
오후12:00							
1:00							
2:00							
3:00							
4:00							
5:00							
6:00							
7:00							
8:00							
9:00							
10:00							
11:00							
12:00							

● 위의 표를 바탕으로 각 활동에 소요된 시간을 합산해 보라. 정기적인 활동(수업, 업무, 기타 정기 모임 등)은 제외하고 가장 많은 시간을 차지한 활동부터 왼쪽 칸에 적어 보라. 그리고 앞서 정했던 우선순위와 비교해 보라.

	실제 시간 사용 현황	1단계에서 설정한 우선순위
1		
2		
3		
4		
5		
6		
7		
8		
9		
10		

3단계: 시간 예산을 세우라

우리의 삶은 단숨에 정리될 수 없다. 우선 당신이 할 수 있는 만큼만 조금씩 변경하는 것을 계획하라. 우선순위가 높은 활동에 필요한 시간을 확보하기 위해서 줄이거나 뺄 활동이 무엇인지 생각하고 결단을 내려야 한다. 당장은 힘들더라도 점진적으로 줄여 나가라. 중요한 것은 조정과 선택이다.

● 앞서 2단계에서 검토한 실제 시간 사용 현황과 우선순위를 비교한 결과, 중요한 일을 하지 못하도록 당신의 시간을 빼앗고 있는 활동들은 무엇이었는가?

● 특별히 인격적인 관계(하나님, 이웃, 친구, 자기 자신)를 위한 시간을 확보하기 위해 조정과 선택이 필요한 영역은 무엇인가? 실천할 수 있는 구체적인 계획을 세워 보라.

힘써야 하는 관계	이를 위해 줄여야 할 활동	구체적인 계획

● 1단계 때 설정한 우선순위 원칙을 지키고 2단계(현실 파악)와 3단계(조정과 선택) 결과를 반영하여 다음 주의 세부 계획을 세워 보라. 인격적인 관계를 위한 시간은 여유 있게 확보하되, 일에 관련된 시간은 정확히 예산을 세워야 한다. 중요한 것은, 계획표와 별개로 실제 시간 사용 현황을 따로 기록해야 한다는 것이다. 2단계의 일주일 계획표(232면)를 두 장 복사하여 한 장은 계획표로, 한 장은 기록표로 사용하라.

4단계: 계획을 실행하라

아무리 잘 세운 계획이라도 그것을 실행하려는 단호한 결심이 없다면 아무 소용이 없다. 매일 아침 그날의 일정을 생각하면서 주님에 대한 헌신을 재점검하라. 그러고 나서 일정대로 하나씩 해 나가라. 또한 시간을 빼앗는 급한 요구가 있을 때 지혜를 간구하라. 이때 당신의 계획이 변경될 수 있음을 염두에 두라.

● 한 주간 계획의 실행을 방해한 긴급한 요청이나 내면의 충동은 무엇이었는가? 이때 당신의 즉각적인 반응은 어떠했는지 정직하게 평가해 보라.

방해거리	즉각적인 반응	자기 평가

● 당신이 쉽게 유혹받거나 영향을 받는 상황에 대해 당신만의 원칙을 세워 결심문을 작성해 보라.

1. _____
2. _____
3. _____
4. _____
5. _____

● 계획표와 실제 사용 점검표를 주기적으로 비교 평가할 수 있는 시간, 요일, 장소를 정하라. 평가와 대안과 변화 상황을 충분히 반영하여 다시 다음 주를 계획해 보라. 1단계 우선순위를 늘 기억하며 매주 2, 3, 4단계를 꾸준히 훈련하라.

이 모든 것이 그 자체가 목적이 아니라 하나님을 온전히 섬기기 위함임을 기억하라. 우리가 오늘, 이 시간, 이 자리에서 하늘에 계신 아버지의 뜻을 행하고 있다는 것을 깨닫는 것보다 더 소중한 일은 없다. 계획을 세우고 원칙을 지키되 하나님과의 관계 안에서 매일 그분의 인도를 받으라.

오 선하신 하나님,
저희로 하여금
당신의 뜻을
간절히 열망하게 하시고
지혜롭게 찾게 하시고
분명하게 알게 하시고
온전하게 행하게 하소서.
오직 하나님의 영광을 위해!

토마스 아퀴나스 Thomas Aquinas

옮긴이 정영만은 서울대학교 전자공학과를 졸업하고 대우중공업, 한국광학기술개발 등에서 근무했다. 이후 미국 풀러 신학대학원에서 신학 석사 학위를 받았고 지금은 (주)카라스레이저 대표이사로 재직 중이다. 현재 은평감리교회에서 장로로 섬기고 있으며, 역서로는 「그리스도인, 이제 어떻게 살 것인가」, 「돈, 교회, 권력과 하나님 나라」, 공저로 「시간의 횡포」(이상 요단) 등이 있다.

늘 급한 일로 쫓기는 삶

초판 발행_ 1999년 9월 20일
초판 22쇄_ 2009년 4월 10일
제2판 발행_ 2009년 11월 10일
제2판 12쇄_ 2023년 5월 25일

지은이_ 찰스 험멜
옮긴이_ 정영만
펴낸이_ 정모세

펴낸곳_ 한국기독학생회출판부
등록번호_ 제2001-000198호(1978.6.1)
주소_ 04031 서울시 마포구 동교로 156-10
대표 전화_ (02)337-2257 팩스_ (02)337-2258
영업 전화_ (02)338-2282 팩스_ 080-915-1515
홈페이지_ http://www.ivp.co.kr 이메일_ ivp@ivp.co.kr
ISBN 978-89-328-1130-7

ⓒ 한국기독학생회출판부 2009

책값은 뒤표지에 있습니다.
무단 전재와 복제를 금합니다.